Pilsen / Plzeň – Kleine Stadtgeschichte

D1719486

Tobias Weger

Pilsen Plzeň

Kleine Stadtgeschichte

VERLAG FRIEDRICH PUSTET
REGENSBURG

UMSCHLAGMOTIV
Neorenaissance- und Barockfassaden an der Ostseite des
Hauptplatzes/Náměstí republiky, darunter das Eckhaus an der
Dřevěná ulice, das »Evropský dům« [Europäische Haus],
eine Außenstelle der Staatlichen Wissenschaftlichen Bibliothek,
sowie das »Chotěšovský dům« (Chotieschauer Haus), Sitz des
Volkskundlichen Museums (Aufnahme: ullstein bild − Imagebroker /
Egmont Strigl)

**BIBLIOGRAFISCHE INFORMATION DER
DEUTSCHEN NATIONALBIBLIOTHEK**
Die Deutsche Nationalbibliothek verzeichnet diese Publikation
in der Deutschen Nationalbibliografie; detaillierte bibliografische
Angaben sind im Internet über http://dnb.d-nb.de abrufbar.

ISBN 978-3-7917-2656-4
© 2015 by Verlag Friedrich Pustet, Regensburg
Umschlaggestaltung: Martin Veicht, Regensburg
Satz: Vollnhals Fotosatz, Neustadt a. d. Donau
Druck und Bindung: Friedrich Pustet, Regensburg
Printed in Germany 2015

Diese Publikation ist auch als eBook erhältlich:
eISBN 978-3-7917-6055-1 (epub)

Weitere Publikationen aus unserem Programm
finden Sie auf www.verlag-pustet.de
Kontakt und Bestellungen unter verlag@pustet.de

Inhalt

Kontribution / Zwischen Restauration und Innovation / Ein lange vernachlässigter Schriftsteller / Eine stolze jüdische Gemeinde / Pilsner Spuren in den USA / Bevölkerungswachstum und Arbeiterbewegung / Rot und blau – der FC Victoria Plzeň

Mehr als Bier und Industrie

Pilsner Urquell und Škoda – weltweit assoziieren Menschen den Namen der tschechischen Stadt Pilsen/Plzeň insbesondere mit diesen beiden Firmenmarken. Bier und Industrie erhalten natürlich auch in dieser *Kleinen Stadtgeschichte* ihren angemessenen Platz. Sie sind allerdings nur im Kontext einer über tausend Jahre zurückreichenden Stadtgeschichte begreifbar. Bei deren Darstellung musste aus Platzgründen freilich eine Auswahl historischer Strukturen und Ereignisse getroffen werden, damit die vorliegende Veröffentlichung ein handliches Format behalten konnte.

Wer sich mit der Geschichte Böhmens befasst, dem fällt auf, dass Pilsen in der Historiografie des Landes häufig gegenüber Prag, aber auch anderen Städten in den Hintergrund tritt, obwohl es bereits in älteren Landesbeschreibungen als »eine der angesehensten Städte Böhmens« tituliert wurde, wie etwa in Johann Müllers *Geographie von Böhmen* aus dem Jahre 1851. »Von weitem zieren es große Gebäude«, schrieb 1834 über seine Stadt der Pilsner Bürgermeister Martin Kopecký, der weiter ausführte: »Planmäßig hat es die Vorwelt angelegt: in reguläre Quadrate theilten es die Urväter ein; angenehm ist dem Auge die symmetrische Harmonie in dem Laufe der Gassen, und willkommen ist dem Fußgänger wie dem Fahrenden die seltene Breite derselben, von welchen die meisten schon dermal im Grün enden, und im kurzen alle zu Promenaden führen werden. Schön ist Pilsens großer Marktplatz und bequem wegen seiner Nähe und Ebene der Spaziergang, entfernt wird jedes Hindernis, abgetragen werden ganze Gebäude, um die Stadt in einen Baum-Gesträuch- und Blumenkranze zu sehen, der nebst den Flüssen die Stadt von den Vorstädten trennen soll. (…)«

Doch mit dieser romantischen Vision ist noch nicht das wirklich Besondere oder »Typische« an Pilsen hervorgehoben. Worin aber bestand es? Für die frühe Geschichte ist sicherlich das mehrheitliche Festhalten der Pilsner an ihrer katholischen Konfession und die in mehreren Fällen unverbrüchliche Loyalität gegenüber dem Landesherrn im Kontext der Böhmischen Länder ein Alleinstellungsmerkmal. Ausgeprägten Sinn für Handel und Gewerbe sowie einen gewissen Pragmatismus legten hingegen auch die Einwohner anderer Orte an den Tag. Besonders für Pilsen aber war wiederum im 19. Jahrhundert das Ausmaß der Industrialisierung, die eine geradezu explosionsartige Stadtentwicklung zur Folge hatte – mit tiefgreifenden gesellschaftlichen, städtebaulichen und wirtschaftlichen Auswirkungen. Im Unterschied zu anderen Industriemetropolen sind dabei allerdings die Spuren der älteren Geschichte nicht überlagert worden, sondern bilden nach wie vor den urbanen Kern Pilsens, um den herum sich industriell, gutbürgerlich, ja selbst dörflich strukturierte Vorstädte lagern.

Die lange Unterbelichtung der Pilsner Stadtgeschichte im Zusammenhang der böhmischen und mitteleuropäischen Geschichte lässt sich mit diesen Besonderheiten aber nur bedingt erklären. Die Frage, weshalb Pilsen in der Darstellung dieser Geschichte im Vergleich zu anderen, zum Teil viel kleineren Städten häufig ein Schattendasein geführt hat, kann an dieser Stelle nicht befriedigend beantwortet werden. Eines aber steht fest: Diese Vernachlässigung tut der Stadt, ihrer Vergangenheit und ihren Menschen unrecht: Pilsen ist es wert, stärker wahrgenommen zu werden – es ist viel mehr als lediglich eine Etappe auf dem Weg von Bayern nach Prag. Die Europäische Kulturhauptstadt 2015 bietet Gelegenheit dazu, das aktuelle Kulturschaffen, aber auch die vielschichtige Vergangenheit der Stadt zu erkunden und in ein breiteres Bewusstsein zu rücken. Die vorliegende *Kleine Stadtgeschichte* liefert zu beiden Aspekten – zur Geschichte und zum Kulturhauptstadtjahr – eine Einführung in einem handlichen Format.

Eine Höhensiedlung wandert ins Tal

Natürliche Gegebenheiten

Pilsen befindet sich etwa 80 Kilometer südwestlich der tschechischen Hauptstadt Prag, inmitten des so genannten Pilsner Beckens, das von Höhenzügen eingerahmt wird. In dieser Region vereinen sich vier Flüsse: 1. die Mies/Mže (Länge: 106 km), deren Quelle im Griesbacher Wald auf bayerischem Gebiet liegt, 2. die Radbusa/Radbuza (Länge: 112 km), die im Böhmischen Wald entspringt, 3. die Úhlava (Länge: 108 km), die bei Böhmisch Eisenstein im Böhmerwald ihre Quelle hat und im südlichen Stadtgebiet Pilsens in die Radbuza mündet, sowie 4. die Úslava (Länge: 94 km), die im Blattener Hochland im südwestlichen Böhmen austritt. Ab dem Zusammenfluss von Mies und Radbuza wird der weitere Flussverlauf seit dem 17. Jahrhundert Berounka genannt. Sie mündet südlich von Prag bei Zbraslav in die Moldau.

Das Stadtzentrum Pilsens liegt auf etwa 310 Metern über dem Meeresspiegel, doch weist das heutige Stadtgebiet mit 293 Metern am Ufer der Berounka und bis hin zu 452 Metern bei der Burgruine Radyně erhebliche Höhenunterschiede auf. Das Pilsner Becken ist mit Rohstoffen gesegnet: Neben Silber- und Kaolinvorkommen sowie den als Schmucksteinen beliebten Granaten, rötlichen Silikatkristallen, waren früher insbesondere die reichen Kohleflöze der Region ein wichtiger Wirtschaftsfaktor. Diese Region wurde vom Menschen seit der Altsteinzeit – seit etwa 9000 v. Chr. – besiedelt, vor allem die fruchtbaren Gegenden entlang der Flussläufe. Funde aus der Bronzezeit und aus der Eisenzeit deuten auf eine rege prähistorische Aktivität im Bereich der späteren Großstadt hin. Auf die Kelten folgten germanische Stämme und nach der Völkerwanderung schließlich im 7./8. Jahrhundert Slawen, die von Osten eingewandert waren. Bereits vor der Christianisierung und der Errichtung des Herzogtums Böhmen legten sie im Pilsner Becken feste Siedlungen an.

Alt-Pilsen — eine mittelalterliche Burgsiedlung

Am Knotenpunkt wichtiger Handelsstraßen entstand im 9./10. Jahrhundert auf dem von der Úslava umflossenen Hügel Hůrka eine Höhenburg und in deren Schutz eine darunter gelegene Stadt. Die Verkehrsverbindungen führten im Osten über Rokycany und Beroun nach Prag und weiter nach Mähren, Schlesien und Kleinpolen, im Südwesten über Bischofteinitz und Taus nach Regensburg und im Norden in Richtung Erzgebirge und nach Sachsen. Später kam noch eine westliche Route über Pfraumberg und Tachau nach Nürnberg hinzu.

Die Burganlage dürfte der Herrschaftsausübung und der Sicherung des westlichen Landesteils Böhmens zur Zeit der frühen Přemysliden-Herzöge gedient haben. Zwar liegen reichhaltige archäologische Befunde vor, die seit 1891 in mehreren Grabungsphasen zutage gefördert worden sind. Die schriftlichen Zeugnisse zu diesem Ort beschränken sich jedoch auf wenige Quellen: Der Chronist Thietmar von Merseburg bringt dieses erste Pilsen mit einem Sieg des tschechischen Herzogs Boleslav II. über ein bayerisches Heer im Jahre 976 in Verbindung (*»iuxta Pilisini urbem«*), das in den Diensten Kaiser Ottos II. stand. Die Legende des heiligen Bischofs Adalbert berichtet des Weiteren davon, dass jener bei seiner Rückkehr aus Rom im Jahre 992 darüber verwundert gewesen sei, dass in Pilsen am Sonntag, dem Tag des Herrn, ein Markt abgehalten worden sei. Bei der Ortschaft Doubravka, an der Einmündung der Úslava in die Berounka, gründete Adalbert bei diesem Anlass für zehn Benediktinermönche ein vorläufiges Kloster, das später jedoch in Břevnov bei Prag seinen endgültigen Standort erhielt. Die Georgskirche in Doubravka soll im Kern auf diese frühe Klostergründung zurückgehen.

Doch zurück nach Alt-Pilsen, wie die Stadt zur Unterscheidung von dem später gegründeten »Neu-Pilsen« (Pilsna Nova) nachträglich bezeichnet worden ist. Vor dem Jahr 1012 befand sich dort unter dem böhmischen Herzog Jaromír eine Münzstätte, deren Prägungen die Beschriftung PZIZEN CIVO trugen. 1134 verhandelten in Pilsen der deutsche König Lothar III. von Supplinburg und der böhmische König Soběslav I. im Beisein des Bischofs Petrus I. aus dem transsilvanischen Alba Iulia. Der

Die mittelalterliche St.-Peters-Rotunde in Starý Plzenec, 2011

geistliche Würdenträger war ein Gesandter des ungarischen Königs Béla II., eines Schwagers Soběslavs, der ihn diplomatisch gegen Ansprüche aus Polen stärkte. Pilsen hatte damals bereits den Status eines Erzdekanats, das dem Bistum Prag unterstand. Insgesamt acht Kirchen umfasste die Stadt. Ihr Zentrum bildete die Burg oberhalb der Úslava mit einem Herzogspalast und der Hauptkirche St. Laurentius im nordöstlichen Bereich, die vermutlich im 11. Jahrhundert erbaut worden war. Die weiter östlich gelegene Heilig-Kreuz-Kirche umgab ein Friedhof. Die ebenfalls befestigte Vorburg besaß eine eigene Kirche mit dem Patrozinium Mariä Geburt. Vom Burggelände selbst ist heute neben einigen Wallanlagen nur noch die romanische St.-Peters-Rotunde erhalten, die früher gerne ins 10. Jahrhundert datiert und damit für eines der ältesten Gebäude Böhmens gehalten wurde. Neuere Forschungserkenntnisse sprechen eher für einen Bau aus dem späten 11. oder frühen 12. Jahrhundert, der als Pfarrkirche gedient haben soll, aber neben der erwähnten Herzogskirche St. Laurentius eine eher untergeordnete Rolle gespielt hat.

Am linken Ufer der Úslava hatte sich das niedriger gelegene Suburbium, eine unbewehrte Handwerker- und Kaufmannssiedlung, entwickelt. Dort wurden bis zur Mitte des 13. Jahrhunderts bereits regelmäßige Parzellen auf rechtwinkligem Grundriss angelegt. Vier Kirchen dienten der Seelsorge der dort lebenden Menschen – St. Martin, St. Wenzel, St. Johannes der Täufer und St. Blasius.

Zwischen 1213 und 1216 ist Děpolt III. aus einer Nebenlinie der Přemysliden-Dynastie als Burggraf in Pilsen nachweisbar, vor 1224 fungierte der spätere König Václav I., ein Sohn König Přemysl Otakars I., als »dux pliznensis et budesensis« (Herzog von Pilsen und Bautzen). In der Folge scheint die Stadt jedoch an Bedeutung verloren zu haben, denn Václavs I. Sohn, König Přemysl Otakar II., übertrug am 22. Juni 1266 die insgesamt acht Kirchen in Alt-Pilsen dem Prämonstratenserkloster Chotieschau. Dieser Rechtsakt deutet auf einen Niedergang der städtischen Siedlung hin, die zu einer unfreien Kammerstadt degradiert wurde. Seit dem 15. Jahrhundert ist für sie die Bezeichnung »Starý Plzenec« (Alt-Pilsen) in Gebrauch.

Eine Neugründung im Tal

Um 1295 legte ein Lokator namens Heinrich auf Initiative des böhmischen Königs Václav II. die Siedlung Neu-Pilsen (Pilsna Nova) am Zusammenfluss der Flüsse Mies und Radbusa an. Dieser Akt fiel in eine Periode zahlreicher Stadtgründungen in den Böhmischen Ländern. Jener Heinrich war ein mittelalterlicher Unternehmer: Seine künftigen Mitbürger zahlten an ihn eine bestimmte Geldsumme und erwarben somit das Bürgerrecht und eine Parzelle zum Bau eines Hauses. Für Neu-Pilsen hat sich zwar kein Gründungsdokument erhalten, doch lassen sich der Sachverhalt und das ungefähre Gründungsjahr aus späteren Quellen erschließen. Nach neueren Erkenntnissen hatte allerdings wohl bereits König Přemysl Otakar II. in den Jahren 1266 bis 1273 Initiativen zu einer Stadtgründung unternom-

EINE GRÜNDUNGSLEGENDE

Der Pilsner Gelehrte Josef Stanislaus Zauper edierte 1835 unter dem Titel *Alte Chronik von Pilsen* die deutsche Übersetzung eines Manuskripts von P. Johannes Tanner SJ aus dem 17. Jahrhundert, die mit einer verbreiteten Gründungslegende begann. Demnach sei die Stadt Alt-Pilsen im Jahre 775 von einem legendären Radouš, der zuvor mit Bediensteten und Vieh nach Westen gezogen sei, gegründet und von einem seiner Nachfolger ins Tal verlegt worden. In dem Text wurde auch versucht, den Namen *Plzeň* etymologisch herzuleiten – nämlich von der Vokabel *plž* (Schnecke). Tanners etymologische Hypothese, die in der frühen Literatur sehr verbreitet war, gilt längst als überholt. Heute leiten Sprachwissenschaftler die Bezeichnung *Plzeň* eher von dem alttschechischen Wort *plz* her, mit dem ein feuchter Untergrund charakterisiert wurde. *Plzeň* wurde übrigens bis ins 16. Jahrhundert im Tschechischen männlich gebraucht; seither hat der Städtename ein weibliches Genus. Die deutsche Form *Pilsen* ist eine Ableitung aus dem Tschechischen.

men. Die Translokation Pilsens an einen neuen, möglicherweise als geeigneter empfundenen Ort war in den Böhmischen Ländern und überhaupt in Zentraleuropa im 13. Jahrhundert übrigens kein Einzelfall. »Pilsna Nova« erhielt den Status einer Königsstadt *(urbs regia)*, der ihren Bürgern einen herausgehobenen Status gegenüber den Bewohnern anderer Städte garantierte. Das Bürgerrecht konnte durch den Erwerb eines Hauses, durch längere Anwesenheit, durch Einheirat und aufgrund eines ehrbaren Lebenswandels erworben werden. Es beruhte auf einem formalen Rechtsakt. Als Königsstadt gehörte Pilsen zum unveräußerlichen königlichen Besitz. Sie war mit einem großen städtischen Grundbesitz ausgestattet, in Böhmen dem zweitgrößten nach demjenigen der Hauptstadt Prag.

Das ursprüngliche Stadtgebiet Pilsens ist im planmäßigen Grundriss der Altstadt noch heute gut erkennbar. Es umfasste 20 Hektar und besaß die Form eines Rechtecks mit leicht abgerundeten Ecken. Das Zentrum der aus 15 Gassen bestehenden Stadt bildete ein viereckiger, 139 x 193 m messender Marktplatz oder Ringplatz. Er reiht sich damit ein in eine Serie großflächiger

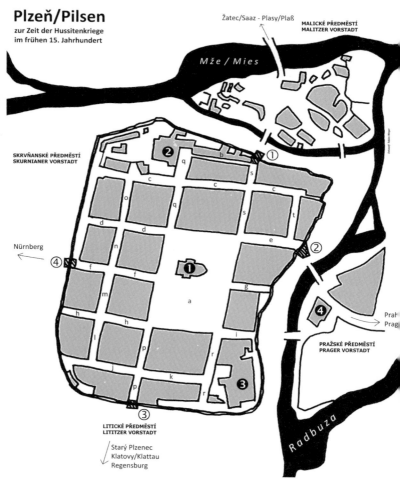

Plzeň/Pilsen

zur Zeit der Hussitenkriege
im frühen 15. Jahrhundert

Žatec/Saaz - Plasy/Plaß

MALICKÉ PŘEDMĚSTÍ
MALITZER VORSTADT

Mže / Mies

SKRVŇANSKÉ PŘEDMĚSTÍ
SKURNIANER VORSTADT

Nürnberg

Praf
Prag

PRAŽSKÉ PŘEDMĚSTÍ
PRAGER VORSTADT

LITICKÉ PŘEDMĚSTÍ
LITITZER VORSTADT

Starý Plzenec
Klatovy/Klattau
Regensburg

Radbuza

Plan des ursprünglichen Stadtgebietes zur Zeit der Hussitenkriege
im frühen 15. Jahrhundert (Entwurf: Tobias Weger)

Ehemalige Stadttore

① Prager Tor/Pražská brána
② Malitzer Tor/Malická brána → Kleines Tor/Malá brána → Plaßer Tor/
Plaská brána → Sachsentor/Saská brána
③ Skurnianer Tor/Skvrňanská brána → Nürnberger Tor/Norimberská brána
→ Blindes Tor/Slepa brána (→ Verlegung ans Ende der Reichstorgasse:
Neutor/Nová brána → Reichstor/Říšská brána)
④ Lititzer Tor/Litická brána → Nonnentor/Jeptišská brána → Schultor/
Školní brána

Gebäude mit religiöser Funktion

❶ Bartholomäuskirche/Chrám sv. Bartoloměje
❷ Dominikanerkloster/Klášter dominikánů
❸ Franziskanerkloster/Klášter františkánů
❹ Spital/Špitál

Straßennamen der Altstadt (Entwicklung bis in die Gegenwart)

a Marktplatz, Hauptplatz, Ringplatz/Náměstí → Náměstí republiky
b Kleine Gasse/Malá ulice
c Lange Gasse/Dlouhá ulice → Weleslawin-Gasse/Veleslavínova ulice
d Salzgasse/Solní ulice (aus der Wagnergasse/Kolářská ulice und der
Judengasse/Židovská ulice)
e Prager Gasse/Pražská ulice
f Theatergasse/Divadelní ulice → Riegergasse/Riegrova ulice
g Holzgasse/Dřevená ulice → Fleischbankgasse/Masokrámská ulice →
Manfeldgasse/Mansfeldova ulice → Dřevená ulice
h Reichstor-Gasse/Říšskobranská ulice → Reichsgasse/Říšská ulice →
Americká ulice → Prešovská ulice
i (Alte) Zeughausgasse/Zbrojnická ulice
j Nonnengasse/Jeptišská ulice → Bezruova ulice
k Engelgasse/Andělská ulice → Bezručova ulice
l Rossmarktgasse/Koňská ulice → Sedláček-Gasse/Sedláčkova ulice
m Eisengasse/Železná ulice → Sedláček-Gasse/Sedláčkova ulice
n Jungferngasse/Panenská ulice → Sedláček-Gasse/Sedláčkova ulice
o Paradiesgasse/Rajská ulice → Sedláček-Gasse/Sedláčkova ulice
p Schulgasse/Školní ulice → Fodermayer-Gasse/Fodermayerova třída
→ ulice Bedřicha Smetany
q Dominikanergasse/Dominikánská ulice
r Franziskanergasse/Františkánská ulice
s Sachsengasse/Saská ulice → Rooseveltova ulice
t Perlgasse/Perlova ulice

hoch- und spätmittelalterlicher Ringplätze in Böhmen – zum Vergleich seien Hohenmauth/Vysoké Mýto (153 x 132 m), Budweis/České Budějovice (133 x 133 m) oder der Karlsplatz/Karlovo náměstí in der Prager Neustadt (500 x 150 m) angeführt.

Das gesamte Pilsner Stadtensemble wurde durch einen festen, doppelten Mauerring eingefasst und besaß vier Tore, die Zugang zur Stadt erlaubten. Deren Namen zeigten die Orte an, in deren Richtung die aus der Stadt führenden Straßen wiesen – die »Skrvňanská brána« zum Dorf Skrvňany im Westen, die »Malická brána« zum Dorf Malice im Norden, die »Litická brána« zum Dorf Litice im Süden und die »Pražská brána« nach Prag im Osten. Später wurde das westliche Tor auch »Nürnberger Tor« oder »Reichstor« und das nördliche »Kleines« oder »Sächsisches Tor« genannt. Damit wurden die Himmelsrichtungen – der westliche Weg nach Nürnberg bzw. ins Heilige Römische Reich und ins nördliche Sachsen – angezeigt. Die Mauern des Doppelrings, die wohl nach dem ersten Drittel des 14. Jahrhunderts fertiggestellt waren, wiesen eine Höhe von etwa sieben Metern und eine Breite von mindestens eineinhalb Metern auf. Der Untergrund der Stadt aus Arkose, einem feldspatreichen Sandstein, ermöglichte die Anlage eines weit verzweigten Netzes an Kellern und unterirdischen Gängen, die sowohl zum kühlen Einlagern von Waren als auch als Schutzräume in Kriegszeiten genutzt werden konnten. Er bot aber auch eine gewisse Sicherheit nach außen, da die Stadtmauern nicht untergraben werden konnten. Zusätzlichen Schutz gewährten die beiden Flüsse Radbusa und Mies sowie künstlich angelegte Wasserläufe wie der Mühlbach, dessen Wasserkraft dem Namen entsprechend genutzt wurde. Die Altstadt lag so erhöht über den beiden Flüssen, dass selbst bei starken Hochwassern keine Überflutung drohte.

In der Gründungsphase wurden 290 Häuser errichtet, in denen etwa 300 Familien – insgesamt schätzungsweise 3000 Personen – lebten. Darunter waren zahlreiche ehemalige Bewohner Alt-Pilsens. Die ersten Häuser waren noch aus Holz errichtet, doch setzte sich um 1350 die Verwendung von Stein als Baumaterial allgemein durch. Grabungsfunde zeugen vom hohen Lebensstandard der spätmittelalterlichen Pilsner hin-

Saská brána v Plzni/Das Sachsenthor zu Pilsen. – Stahlstich von Josef Rybička nach Wilhelm Kandler, Prag (Verlag J. L. Kober) 1865

sichtlich der Ausstattung ihrer Häuser, der Gegenstände ihres täglichen Gebrauchs und ihrer Nahrungsgewohnheiten. Über Fernhandelswege bezogen sie nicht nur hochwertige Keramik, sondern auch Luxusgüter und exotische Früchte. Weitere 1000 Menschen bewohnten die Vorstädte, die sich bald außerhalb der Stadtmauern bildeten. In juristischen Fragen orientierte sich Pilsen am Stadtrecht der Prager Altstadt. Diese Rechtspraxis wurde ihrerseits vorbildlich für die Städte Dobřany, Manětín, Mauth, Radnice, Tepl und Plan.

Gleich bei der Stadtgründung wurde in der nordwestlichen Ecke des Marktplatzes mit dem Bau einer dem heiligen Bartholomäus geweihten Kirche begonnen, über die zunächst der jeweilige böhmische König persönlich das Patronatsrecht ausübte. Der heilige Bartholomäus, einer der Jünger Jesu, wurde im Mittelalter als Schutzpatron der Landwirte, der Fischer, aber auch zahlreicher Handwerkerberufe verehrt. Die Funktion der Pfarrkirche erfüllte für die neue Stadt zunächst noch bis 1322

Die Bartholomäuskirche auf dem Ringplatz, seit 1993 Dom des Bistums Pilsen. – Aufnahme 2014

die Allerheiligenkirche im benachbarten Dorf Malice. Aus dessen Flur war die neue Stadt herausgelöst worden. Ein Rechtsakt vom 17. April 1307 liefert den ersten schriftlichen Beleg sowohl für die Bartholomäuskirche als auch für die Praxis des Bierbrauens in der Stadt: Der Pilsner Bürger Wolfram Zwynilinger übertrug jener Kirche seine Braustätte und seine Mälzerei. Damals wurde aus Gerste ein rötliches, aus Weizen hingegen ein helleres Bier gewonnen. Qualitativ hochwertiger Hopfen wurde im

Innenansicht der Franziskanerklosterkirche. – Aufnahme 2014

Bereich zwischen Pilsen und Saaz nachweislich seit dem Hoch-
mittelalter angebaut. Zugleich hängt an der Urkunde von 1307
die älteste bekannte Version des Stadtsiegels (siehe Abbildung
auf S. 36). Bei der Stadtgründung waren 260 Bürger mit dem
Braurecht ausgestattet worden, das bis ins 19. Jahrhundert eine
grundlegende rechtliche Funktion behielt.

Im Nordwesten der neu angelegten Stadt ließen sich Domi-
nikanermönche nieder. Ihr ab 1300 erbautes Haus wurde auch

»Predigerkloster« oder »Schwarzes Kloster« genannt. Zu ihm gehörte neben den Mönchszellen und Gemeinschaftsräumen ein Kreuzgang, ein Garten und mehrere Wirtschaftsgebäude, außerdem eine kleine Heilig-Geist-Kirche. Der gesamte Komplex wurde im Jahre 1895 abgebrochen. Im Südosten gründeten die Minoriten (Franziskaner) ein Kloster, das auch Barfüßerkloster genannt wurde, und erbauten die bis heute erhaltene Kirche Mariä Himmelfahrt. Die imposante hochgotische Basilika umfasst einen 21 Meter langen Laienraum und ein sich daran anschließendes 23 Meter langes Presbyterium. Beide Pilsner Klostergründungen gehören zu einer Welle von Ordensniederlassungen, mit denen seit dem 12. Jahrhundert in Westböhmen der innere Landesausbau vorangetrieben wurde. Darunter befanden sich etwa die Klöster der Benediktiner in Kladrau (1115), der Zisterzienser in Plaß (1144) und Nepomuk (1144/45), der Johanniter in Manětín (1169), der Prämonstratenser in Chotieschau (1197) und der Augustiner in Pivoň (1256).

Westböhmische Metropole mit starken Verflechtungen

Das Wohlwollen der Luxemburger

Im Jahre 1310 wurde Johann von Luxemburg zum böhmischen König gewählt. Auf seinem Zug nach Prag nahmen ihn die Pilsner Bürger wohlwollend auf. Sie verewigten später sein Bildnis am Prager Stadttor, in voller Rüstung und hoch zu Pferd. Pilsner Bürger gaben dem neuen Herrscher auch bis nach Prag Geleit. Als Johann dort die Stadttore verschlossen fand, zwangen die Pilsner Fleischhauer die Prager zu deren Öffnung. Zum Dank für diese Unterstützung durften die Fleischhauer fortan einen doppelschwänzigen Löwen – das heraldische Zeichen der böhmischen Könige – in ihrem Zunftzeichen führen.

Der Pilsner Bürger Konrád z Dobřan gründete 1320/21 das Hospital zu Maria Magdalena in der Prager Vorstadt, das dem Deutschen Orden unterstellt wurde; zwei Angehörige dieses Ordens waren seither ständig dort anwesend. Das Hospital bestand bis zum Ende des 18. Jahrhunderts, als es im Zuge der Reformen Kaiser Josephs II. aufgelöst und seine Gebäude abgetragen wurden. Außerhalb der Stadtmauern gab es neben der Pfarrkirche und den beiden Klosterkirchen noch zwei weitere, dem heiligen Rochus und dem heiligen Sebastian geweihte Gotteshäuser, die beide ebenfalls nicht mehr stehen.

Im Jahre 1322 verzichtete König Johann auf sein Patronatsrecht an der Bartholomäuskirche und übertrug es ebenfalls dem Deutschen Orden, der sich damals in einem scharfen Konkurrenzkampf mit den anderen religiösen Gemeinschaften befand. Der Deutsche Orden begann sogleich mit einem Neubau der Bartholomäuskirche, die als dreischiffige Anlage konzipiert war. Das Gotteshaus hatte nunmehr den Rang einer eigenen Pfarrkirche, während die Allerheiligenkirche in Malice zu ihrer Filialkirche herabgestuft wurde. 1325 erhielten Beter in der Bartholomäuskirche am Namensfest des Patrons, dem 24. August, und an einigen weiteren Festtagen einen Ablass. Drei Jahre später fand erstmalig die städtische Lateinschule Erwähnung, die vielen Pilsner Bürgern eine solide Ausbildung verschaffte.

Auch König Johanns Sohn, der böhmische König und spätere römische Kaiser Karl IV., war der Stadt Pilsen gewogen. Bei der Schaffung der Kreiseinteilung Böhmens im Jahre 1350 machte er die Stadt zum Verwaltungszentrum des Pilsner Kreises (Circulus Pilsnensis), der bis in die Mitte des 19. Jahrhunderts Bestand hatte. Karl ließ von 1356 bis 1361 in Pilsens Nähe auf dem Berg Radyně von Vít Hedvabný eine Burg errichten, die er selbst »Karlskrone« nannte. Sie wurde allerdings als Burg Radyně bekannt und verfiel in der nachluxemburgischen Zeit.

Unter Karls Herrschaft formierten sich in Pilsen, das nach Prag und Kuttenberg (Kutná Hora) die drittgrößte Stadt im spätmittelalterlichen Böhmen war, erste Zünfte, in denen sich die Gewerbetreibenden organisierten. Im ausgehenden 14. Jahrhundert gingen in Pilsen mehr als 500 Handwerker ihrer Tätigkeit nach, die sich auf cirka 50 unterschiedliche Sparten verteilten. Die Kaufleute unterhielten intensive Handelsbeziehungen mit der Hauptstadt Prag sowie mit bayerischen und schwäbischen Städten. Karl IV. stiftete am 1. Mai 1363 den Bartholomäusmarkt, der acht Tage vor und acht Tage nach dem Namensfest des Pilsner Stadtpatrons in der zweiten Augusthälfte begangen wurde. Außerdem gewährte er den Pilsnern am 19. Oktober 1372 das Recht auf freie Vererbung ihres Eigentums. Ein zweiter Jahrmarkt wurde in der Stadt nach dem ersten Fastensonntag ausgerichtet.

Die Herrschaft Karls IV. und seines Sohnes Wenzel IV. förderten nicht nur die Wirtschaft, sondern war auch eine kulturelle Blütezeit, die in Pilsen auf dem verbreiteten Wohlstand seiner Bürger beruhte. An den bereits bestehenden Kreuzgang des Franziskanerklosters wurde um 1370 bis 1380 die Barbarakapelle mit einer eleganten Mittelsäule angebaut. Im Jahre 1392 entstanden die städtischen Fleischbänke an der Prager Gasse. Ihre Gestalt in der Form einer gotischen Basilika scheint von außen eher an eine mittelalterliche Kapelle zu erinnern als an den Verkaufs- und Arbeitsraum der Fleischhauerzunft.

DIE »PILSNER MADONNA«

Den Höhepunkt des kulturellen Schaffens zur Zeit der Luxemburger in Pilsen stellt die »Pilsner Madonna« dar. Wohl um 1390 schuf ein namentlich nicht bekannter Künstler die in der Bartholomäuskirche aufgestellte, 1,34 Meter hohe Tonschieferstatue. Sie ist der für die böhmische Bildhauerkunst zwischen 1370 und 1420 bezeichnenden Gruppe der »schönen Madonnen« zuzurechnen. Auffallend ist neben dem lieblichen, jugendlichen Gesicht der Muttergottes der elegante Faltenwurf ihres stufenartig herabfallenden Gewandes, aber auch die Tatsache, dass das Jesuskind nicht in einer aufrecht thronenden, majestätischen Position auf Marias Arm sitzt, sondern sich zu den Gläubigen herabzubeugen scheint.

Um die Entstehung ranken sich zahlreiche Sagen. Eine berichtet von einem jungen Blinden, der mithilfe der Muttergottes selbst deren Ebenbild erschaffen habe. Als das Werk erfolgreich vollendet gewesen sei, habe er von Maria die Sehkraft zurückerlangt. Laut einer anderen Sage habe ein junger, bildhauerisch begabter Dominikanermönch Zuneigung zu einem frommen Mädchen empfunden, das regelmäßig zum Beten in die Kirche kam. Im Gesicht der Madonna habe der Mönch die Züge jenes Mädchens verewigt. Der Abt des Klosters, dem dieser Zusammenhang wohl bewusst gewesen sei, habe die Statue lange Zeit verborgen gehalten. Als ihre Existenz jedoch bekannt geworden sei, hätten die Deutschordensritter sie für den Hauptaltar der Bartholomäuskirche erworben.

Katholisch und immer treu

Die ausgeprägte spätmittelalterliche Frömmigkeit war ein Symptom politischer, wirtschaftlicher, gesellschaftlicher und religiöser Krisen, die einen Nährboden für neue Ideen schufen. Im Herbst 1411 erhielt der Prager Theologe Jan Hus aus Pilsen die Nachricht, einige der dortigen Priester hätten im Gottesdienst Lesungen in tschechischer und deutscher Sprache, also in der Volkssprache, verhindert. Einer der Priester habe ferner vorgebracht, im Zustand der Todsünde kein Diener des Teufels zu sein. Bei der Messe, so der Priester weiter, erzeuge der Priester Gottes Leib und sei damit der »Vater« Gottes. Weiter sei ein schlechter Priester noch immer besser als der beste Laie. Jan Hus sah sich veranlasst, angesichts dieser ungeheuerlichen Behauptungen einen Brief an die Pilsner zu schreiben, in dem er deren Verhalten lobte und sie zu weiterer Standfestigkeit aufforderte. Außerdem verfasste er eine Abhandlung mit dem Titel *Contra predicatorem Plznensem* (Gegen den Pilsner Prediger), in dem er die ihm berichtete Argumentation theologisch widerlegte und deutlich machte, dass für ihn ein Priester im Zustand der Todsünde weit unter jedem guten Laien rangiere.

In Pilsen und Umgebung fand Jan Hus' Lehre anfangs durchaus Anhänger. Der einheimische Prediger Václav Koranda der Ältere organisierte Feldgottesdienste, zu denen neben Pilsnern auch Bürger aus Taus, Klattau und anderen Städten aus dem westlichen Böhmen herbeiströmten. Im Jahre 1414 gelang es Koranda, die Pilsner Bürger zur Vertreibung der Deutschordensritter, der Dominikaner und der Franziskaner aus der Stadt zu bewegen. Für ihn und für viele der sich nach Jan Hus' Märtyrertod radikalisierenden »Hussiten« galt Pilsen als »Stadt der Sonne«, die der Priester nach den theologischen Prinzipien der Hus-Nachfolger umgestalten wollte.

Im November 1419 zog der hussitische Heerführer Jan Žižka z Trocnova zusammen mit Koranda nach Pilsen und lieferte sich bei der 17 Kilometer nordwestlich der Stadt gelegenen Ortschaft Nekmíř ein Gefecht mit dem Adeligen Bohuslav ze Švamberka, den er bezwang. Die Einnahme Pilsens misslang Žižka allerdings, der daher am 22. April 1420 die Belagerung gegen das Versprechen abbrach, man werde die Hussiten fortan in der Stadt tolerieren. Mit seinen Anhängern zog er nach Tábor, der wichtigsten Stadt der Hussiten.

Die Pilsner hielten ihr Versprechen jedoch nicht ein – im Gegenteil: Ein hussitischer Priester wurde dort sogar als »Ketzer« auf dem Scheiterhaufen verbrannt. Kaiser Sigismund stellte am 29. Oktober 1420 in Beroun den Pilsnern gar einen Gewaltbrief aus und gestattete ihnen am 19. Dezember, das Vermögen entflohener hussitischer Mitbürger einzuziehen. Der Kaiser weilte vom 15. bis 21. Januar 1421 selbst in Pilsen.

Im gleichen Jahr – vom 18. Februar bis zum 7. März – belagerte Jan Žižka, dem sich die westböhmischen Städte Klattau, Taus, Schüttenhofen und Horažďovice angeschlossen hatten, erneut erfolglos die Stadt.

Ein katholisches Kreuzfahrerheer, das aufgeboten worden war, um den Hussiten Einhalt zu gebieten, erlitt in der Schlacht bei Tachau am 4. August 1427 schließlich eine Niederlage. Daraufhin wurde Pilsen erneut von einem hussitischen Heer umzingelt. Es stand unter dem Kommando von Prokop Holý, neben Žižka einem weiteren wichtigen Heerführer des als »Taboriten« bezeichneten radikalen Flügels der Hussiten. Auf eine erneute Niederlage der Kreuzfahrer bei Taus am 14. August 1431 hin kreiste Pilsen ein weiteres Mal ein hussitisches Heer unter Prokop Holý ein – allerdings wieder vergebens. Die gut befestigte und der katholischen Kirche treue Stadt wurde zu Zeiten der Hussitenkriege ein Zufluchtsort für das Prager Domkapitel und weitere Würdenträger der römisch-katholischen Kirche in Böhmen.

Die vierte Belagerung Pilsens durch die Hussiten begann am 13. Juli 1433 und dauerte insgesamt neun Monate und 23 Tage. Die Bürger und zahlreiche Menschen aus der Umgebung sowie Söldner, die sich hinter die Stadtmauern geflüchtet hatten, verteidigten die Stadt. Auf Seiten der Belagerer kämpften etwa 36 000 Mann – Prager Bürger, Prokop Holý und die so genannten Waisen, eine fundamentalistische Hussitengruppierung, die von Kriegszügen in Preußen zurückgekehrt waren. Dort hatten sie auf Seiten des polnischen Königs gegen den Deutschen Orden gekämpft. Sie führten ein Kamel mit sich, das die Pilsner allerdings bei einem Ausfall als Trophäe erbeuten konnten. Zwei Verräter unter den Pilsnern, ein Schuster und ein Schneider, wurden zur Abschreckung an der Stadtmauer in der Nähe des Dominikanerklosters aufgehängt. Überläufer gab es freilich auch im Lager der Hussiten: Der militärisch erfahrene Adelige Přibík z Klenové belieferte die belagerte Stadt mit Lebensmitteln und konvertierte nach dem Ende der Einkreisung zum Katholizismus. Im Mai 1434 streuten die Pilsner das Gerücht, Katholiken und böhmischer Adel hätten sich verbündet und belagerten gemeinsam die Prager Neustadt. Diese Fehlmeldung veranlasste am 9. Mai die Hussiten zum Abzug. Zur Erinnerung an die Befreiung Pilsens durch diese List wurde ein Stadtfest initiiert, das »Neue Fest« am 9. Mai, das bis in die zweite Hälfte des 18. Jahrhunderts begangen wurde.

Drei Wochen später, am 30. Mai, steckten in der Entscheidungsschlacht bei dem 40 Kilometer östlich von Prag gelegenen Dorf Lipany die Taboriten eine vernichtende Niederlage ein, die ihre militärischen Kräfte weitgehend aufrieb.

Pilsen hatte sich durch seine Haltung einen Ruf als »*catholica et semper fidelissima urbs*« (katholische und stets besonders treue Stadt) erworben, der sie die nächsten dreieinhalb Jahrhunderte hindurch begleiten sollte. Zum Dank ließ Kaiser Sigismund in Regensburg am 19. September 1434 für Pilsen eine Goldene Bulle ausstellen, in der der Stadt und ihren Bürgern weitgehende Privilegien zugesichert wurden – Steuerfreiheit und die Befreiung von Zöllen und Mauten beim Handel im Heiligen Römischen Reich und in Böhmen. Die erhaltenen Quellen sprechen von intensiven Handelsbeziehungen, die sich daraufhin vor allem mit Nürnberg, Frankfurt am Main, St. Gallen, Augsburg, Salzburg und Venedig entfalteten.

Zwischen Jiří z Poděbrad und Matthias Corvinus

Im Jahre 1449 trat Pilsen der Union von Strakonitz bei. Sie bildete in Böhmen die katholische Gegenpartei zu der von den gemäßigten Hussiten, den Utraquisten, bestimmten Union von Poděbrady. Der Name der Utraquisten rührte von der Tatsache her, dass bei ihren Gottesdiensten das Abendmahl in beiderlei Gestalt *(»sub utraque specie«)* gereicht wurde. Die Union von Poděbrady stand unter der Leitung des Adeligen Jiří z Poděbrad. Nachdem dieser im Jahre 1448 Prag eingenommen hatte, floh das Prager Domkapitel erneut nach Pilsen und verblieb dort bis 1453. Die katholische Partei erkannte nämlich die Wahl des utraquistischen Geistlichen Jan z Rokycan zum Prager Erzbischof nicht an. Allerdings wurde nach einer Niederlage der katholischen Union von Strakonitz im Jahre 1450 zwischen beiden Parteien, Katholiken und Utraquisten, ein

Friede vereinbart und Jiří z Poděbrad 1452 zum Landesverweser bestimmt.

Der böhmische König Ladislaus Postumus, für den Jiří z Poděbrad die Regierungsgeschäfte geführt hatte, verfügte 1457, dass die Steuern der Pilsner Juden an die Reichskammer zum Wiederaufbau der durch die Hussitenkriege beschädigten Stadtmauern verwendet werden sollten. Die Juden wohnten damals in einem eigenen Bereich im Nordwesten der Pilsner Altstadt, wo sie seit 1436 auch eine Synagoge besaßen. Als Ladislaus noch im selben Jahr überraschend starb, wurde Jiří z Poděbrad zum neuen König von Böhmen gewählt. Die Pilsner erkannten den Herrscher an, der 1459 auch ihre Stadt besuchte. Er gestattete im darauffolgenden Jahr den Ankauf eines großen Grundstücks am Bach von Bolevec, der 1460/61 zu einem großen Fischteich aufgestaut wurde. Er gehörte zu einem ausgedehnten Teichsystem im Umfeld der Stadt.

Nach Jahrzehnten des kräfteaufreibenden Konflikts schienen sich die Dinge endlich zum Guten zu wenden: Im Jahre 1460 wurde das in den Hussitenkriegen in Mitleidenschaft gezogene und zwischenzeitlich wieder ausgebesserte Franziskanerkloster neu eröffnet; nach mehreren Jahrzehnten der Abwesenheit zogen erstmals wieder Mönche des Franziskanerordens in die Gemäuer ein. Zu dieser Zeit wurde die Barbarakapelle im dortigen Kreuzgang erneuert und mit einem Freskenzyklus ausgemalt. Zwischen 1446 und 1500 wurde auch das Dominikanerkloster einer Renovierung und Erweiterung unterzogen. An die bestehende Heilig-Geist-Kirche baute man eine große, spätgotische Margarethenkirche an. Deren hoher Turm überragte damals sogar den der Bartholomäuskirche.

Doch war dem Frieden in Böhmen keine lange Dauer gewährt: 1465 geriet Jiří z Poděbrad mit Papst Paul II. in Konflikt, der die Kompaktaten, die Grundlage der Übereinkunft zwischen Katholiken und Utraquisten, infrage stellte. Als der König schließlich gar als »Ketzer« exkommuniziert wurde, entschieden sich die Bürger der Stadt Pilsen unter dem Druck der Geistlichkeit Anfang 1466 dazu, ihm die Loyalität aufzukündigen und sich direkt der päpstlichen Oberherrschaft zu unterstellen. Daraufhin kam zwischen 1467 und 1478 erneut die

Führung des Prager Erzbistums nach Pilsen. Unter den Geistlichen befand sich auch der bedeutende Prediger Hilarius Litoměřický, ein einstiger Utraquist, der nach seiner Konversion zur römisch-katholischen Konfession zu den entschiedenen Gegnern der nichtkatholischen Lehre avancierte. Seit jener Zeit hatte die Geistlichkeit in Pilsen das Privileg, jährliche eine »römische Messe« zelebrieren zu dürfen.

Die konfessionelle Zugehörigkeit zur katholischen Kirche erwies sich für die Pilsner gegenüber der nationalen Herkunft des Herrschers als wichtiger. So unterstützten sie 1468 den ungarischen König Matthias Corvinus als König Böhmens, da dieser im Unterschied zu Jiří z Poděbrad Katholik war. In Matthias' Regierungszeit wurde die Bartholomäuskirche mit einem Sterngewölbe und mit einer Reihe spätgotischer Kunstwerke ausgestattet, etwa der an der südöstlichen Außenwand des Presbyteriums angefügten Ölbergszene von 1468 oder der Kreuzigungsgruppe, die seither auf einem Balken im Triumphbogen des Kircheninnenraums aufgestellt ist.

Matthias Corvinus verlieh der Stadt 1469 aus Dank für ihre Treue die Gerichtsbarkeit. Im Gegenzug erhielt er 1478 Unterstützung bei seinen militärischen Auseinandersetzungen mit der Gegenpartei. Der Friede von Olmütz stellte 1475 die Ordnung in den Böhmischen Ländern wieder her. Mit dem Religionsfrieden von Kuttenberg von 1485 wurde zudem vorläufig die Gleichberechtigung der christlichen Konfessionen in den Böhmischen Ländern festgeschrieben.

Handel und Humanismus

Pilsen unterwarf sich 1479 dem neuen König Vladislav II. aus der Dynastie der Jagiellonen, die im ausgehenden 15. Jahrhundert zu den führenden Herrscherfamilien Ostmitteleuropas gehörten. Die Stadt zählte damals 282 Häuser innerhalb und 58 Häuser außerhalb der Stadtmauern sowie etwa 4000 Einwohner. Die meisten von ihnen waren Handwerker, manchen wohlhabenden Patriziern gelang es allerdings, einen eigenen Grundbesitz außerhalb Pilsens zu erwerben. Auch die Stadt

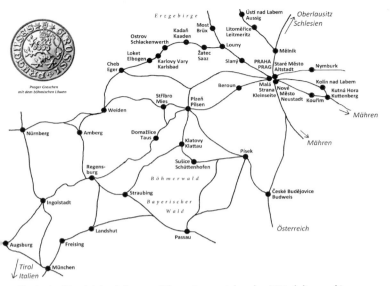

Karte der Handelsbeziehungen Pilsens im ausgehenden Mittelalter und in der Frühen Neuzeit

selbst trat als Grundherrin auf; die Herrschaft Pilsen gehörte sogar zu den größten städtischen Grundherrschaften im westlichen Böhmen. Im Mittelalter und in der Frühen Neuzeit erwies sich die Lage am Kreuzungspunkt wichtiger Straßen für den Personen- und Warenverkehr als sehr vorteilhaft. Die so genannte Reichsstraße oder »Goldene Straße« band die böhmische Hauptstadt Prag über Pilsen, Mies, Haid, Roßhaupt, Waidhaus an Nürnberg an. Die »Bayerische Straße« führte von Pilsen über Staab, Klentsch und Waldmünchen nach Regensburg, während die »Pilsner Straße« von Pilsen über Chvalenice, Kotzenitz und Nepomuk nach Písek eine Verbindung herstellte. Die »Klattauer Straße« wiederum ermöglichte von Pilsen aus den Verkehr über Prestitz, Klattau und Budweis nach Wien. Besonders enge wirtschaftliche Beziehungen pflegten die Pilsner Kaufleute mit Nürnberg, von wo aus die Stadt im ausgehenden Mittelalter und in der Frühen Neuzeit starke kulturelle Impulse bezog. Pilsen war zwischenzeitlich so wohlha-

EIN KLEBRIGES GETRÄNK

Im späten Mittelalter und in der Frühen Neueit wurde das Pilsner Bier von den brauberechtigten Bürgern außerhalb der Stadtmauern gebraut, um die Brandgefahr in der Altstadt zu verringern. Einer Legende nach wurde die Qualität des Getränkes auf eine unkonventionelle Weise überprüft: Bier soll auf einer Bank ausgeschüttet worden sein, auf der anschließend Männer in Lederhosen Platz nehmen mussten. Wenn nach einiger Zeit die Lederhosen an der Bank festklebten, sei dies als gutes Qualitätsmerkmal gewertet worden. Tatsächlich überprüften der Stadtrichter und die Ratsherren die Biereigenschaften. Bier minderer Qualität wurde vor allem in den Vorstädten ausgeschenkt. Die Häuser der brauberechtigten Bürger besaßen häufig im Erdgeschoss ein so genanntes »mázhauz« (abgeleitet vom deutschen Wort »Maßhaus«), in dem sie zwei- bis dreimal pro Jahr Bier verkaufen durften. Aus manchen dieser Einrichtungen gingen später die ersten Bierlokale hervor.

bend geworden, dass es 1492 aus seinen Biereinkünften einen freiwilligen Tribut leistete und dafür 1502 mit neuen Privilegien ausgestattet wurde.

Die Herrschaftszeit von Matthias Corvinus und seiner jagiellonischen Nachfolger war von wichtigen kulturellen Innovationen geprägt. Zwischen 1468 und 1479 wurden in der Stadt drei böhmische Wiegendrucke hergestellt, auch wenn die lange auf 1468 datierte und damit für das älteste gedruckte Buch in tschechischer Sprache gehaltene Kronika trojanská (Trojanische Chronik) möglicherweise erst einige Jahre später gefertigt worden ist. Sie ist die Leistung eines anonymen Druckers, der sich an der Historia Troiana des sizilianischen Autors Guido delle Colonne aus dem frühen 13. Jahrhundert orientierte. Genau datiert sind die in Pilsen gedruckten Statuta synodalia Arnesti, archiepiscopi Pragensis (1476) und ein Missale ecclesiae Pragensis (1479).

Zwischen 1498 und 1511 ist in Pilsen die Offizin von Mikuláš Bakalář Štětina nachweisbar, der slowakischer Herkunft war, an der Universität Krakau studiert hatte und Werke in tschechischer Sprache druckte, darunter neben religiöser Literatur 1508 auch die Reisebeschreibungen von Amerigo

Vespucci — *Spis o nowych zemiech. A o nowem swietie. O niemžto gsme prwe žadne znamosti neměli* (Schrift über neue Länder. Und über die neue Welt. Von der wir anfangs keine Kenntnisse hatten).

Eine weitere Offizin betrieb zwischen 1526 und 1530 der aus Schwabach stammende Johann (Jan) Pekk, der in Nürnberg das Druckereihandwerk erlernt hatte und zum Erwerb des Pilsner Bürgerrechts auch tschechische Sprachkenntnisse nachweisen musste. Pekk druckte vor allem theologische Bücher, aber auch ein frühes tschechisch-deutsches Wörterbuch und ein Lehrbuch beider Sprachen. Ein Freund und Förderer Pekks war der Humanist Jan Mantuán Fencl, der zwischen 1520 und 1544 dem Rat der Stadt angehörte und sich als Schriftsteller und Übersetzer betätigte. Er brachte 1518 in Nürnberg die Schrift *Frantova práva*, die humoristischen »Satzungen« der Franta-Schelmenzunft, heraus, die nach dem Pilsner Arzt Jan Franta benannt waren. Mit Pekks Tod erlosch vorübergehend das Pilsner Druckereiwesen für nahezu zweieinhalb Jahrhunderte.

Konflikte und Brände

In der Frühen Neuzeit war Pilsen darauf bedacht, seine schwer errungenen Freiheiten und Privilegien gegen äußere Anfechtungen tatsächlicher oder imaginierter Gegner zu verteidigen. Im Jahre 1500 wurde Deutschen der Zugang zum Richteramt in der Stadt oder in den der Stadt unterstellten Dörfern des Umlandes nur unter der Bedingung zugestanden, dass sie bereit waren, die tschechische Sprache zu erlernen. Auf Anraten des Prager Erzbischofs wurde ferner das Tschechische als einzige Predigtsprache in der Stadtpfarrkirche sowie in den beiden Klosterkirchen festgelegt. Ein ungleich härteres Schicksal traf die Pilsner Juden, die nicht nur 1504 aus der Stadt gejagt wurden, sondern denen es fortan durch ein bei König Vladislav II. erwirktes Privileg untersagt war, ohne ausdrückliche Zustimmung der städtischen Ämter in Pilsen zu nächtigen. Für fast 300 Jahre durften sich daher Juden nur als geduldete Gäste tagsüber in der Stadt aufhalten.

Eine der größten Gefahren drohte den eng bebauten Städten des Mittelalters und der Frühen Neuzeit durch das Feuer.

EIN TSCHECHISCH-DEUTSCHER SPRACHFÜHRER

Die Idee, mit einem Sprachführer auf Reisen zu gehen, ist keine neue Erfindung. Das oben erwähnte, 1534 gedruckte Büchlein von Jan Pekk trägt den altertümlichen Titel *Naučenie kratke obogi řečij Niemiecke a Cžeske učiti gse čysti y mluwiti Cžechom niemecky a Niemcom česky / Ein kurtz unterweysung beyder sprach Deutsch unnd Behemisch zu lernen und reden. Den behemen deutsch und den deutschen behemisch.* Es enthält – im Duktus und der Rechtschreibung des 16. Jahrhunderts – Mustersätze aus verschiedensten Bereichen. Hier einige Beispiele:

Buoh day sstiesti wassimilosti.	*Gott gebe glück ewern gnaden.*
Buoh day wassimilosti dobre gijtro.	*Gott gebe ewer gnad ain guten morgen.*
Buoh day wassimilosti dobry den.	*Gott gebe ewer gnad einen guten tag.*
Buoh day wassimilosti dobry wečer.	*Gott gebe ewer gnad ein guten abent.*
Buoh day wassimilosti dobrú notz.	*Gott gebe ewer gnad ein gute nacht.*
Buoh day wassimilosti wssecko dobré.	*Gott gebe ewer gnad alles gute.*
Služba ma twe milosti.	*Mein dienst ewer genade.*
Ma mila Kuchařko day mi nieco gijesti.	*Mein liebe köchin gebe mir etwas zu essen.*
Wytam was miley pane.	*Seyt wilkommen lieber herr.*
Dobre slowo bére dobrey konec.	*Ein gut wort nimpt ein gut ende.*
Kde se peňez nedostawa / tu milost konetz mijewa.	*Wo der pfenning wend da hat die lieb ein end.*
Ty gsy diwný člowiek.	*Du bist ein seltzam mensch.*

Der Autor gibt sodann für beide Sprachen Aussprachregeln, indem er die Besonderheiten einzelner Laute erklärt. Die Erläuterungen für das Tschechische schließen mit dem aufmunternden Satz: *Wenn einer diese obgeschriebene kurtze leer inn syn fasset / darnach unablessig mit gantzem fleys Behemische bücher und brief list / kann er in kurtzer zeyt / wol Behemisch lesen und reden lernen.*

Beim Brand des erst 1496 in Betrieb genommenen Rathauses am 29. Juli 1507 ging ein Großteil des mittelalterlichen Stadtarchivs verloren. Insgesamt wurde bei mehreren Bränden im Lauf des Jahres 1507 etwa die Hälfte der städtischen Bausubstanz zerstört. Böse Zungen behaupteten, das Feuer sei von Freunden des eigensinnigen Adeligen Bavůrek ze Švamberka gelegt worden, der zuvor bei einer Fehde der Stadt mit der regionalen Aristokratie von den Pilsnern aufgegriffen und am 26. Januar 1507 auf dem Ringplatz enthauptet worden war. Man hatte ihm vorgeworfen, immer wieder Pilsner Kaufleute überfallen zu haben.

Ein weiterer Konflikt mit einem eigenmächtig agierenden Adeligen entbrannte im Jahr 1520: In einer konzertierten Aktion der Städte Klattau und Mies konnte Petr Suda z Řenče a na Janovicích dingfest gemacht werden, der ebenfalls wie ein Raubritter gehandelt hatte. Zur Zeit der Jagiellonen war auch Pilsen in den Streit zwischen dem Adel und den Städten um die Handhabung der Gerichtsbarkeit involviert, die letztlich zum Auszug der Städtevertreter aus dem böhmischen Landtag führte. Erst im St.-Wenzelsvertrag von 1517 konnte ein Kompromiss herbeigeführt werden, nach dem die vier Königsstädte Prag, Pilsen, Budweis und Kuttenberg auf dem Landtag vertreten waren.

Im Jahre 1525 wurde der »Schwarze Turm«, der südliche Turm der Stadtpfarrkirche St. Bartholomäus, durch einen Brand zerstört; er sollte später nie mehr aufgebaut werden. An die Südseite der Kirche wurde in den Jahren 1510 bis 1529 die spätgotische Šternberk-Kapelle angefügt. Ein Meister Ondráček errichtete 1520 die Prager Brücke über den Mühlbach. Außerdem wurde in den Jahren 1525 bis 1562 an die südwestliche Friedhofsmauer auf dem Ringplatz die erste feste Apotheke Pilsens angebaut.

Auf Seiten der Habsburger

Der unerwartete Tod des letzten Jagiellonenherrschers Ludwig I. in der Schlacht bei Mohács im südwestlichen Ungarn gegen Truppen des Osmanischen Reiches am 29. August 1526 eröffne-

Das Rathaus von Pilsen vor der Neugestaltung der Fassade; links im Bild die Pestsäule von 1681. – Grafik von Anton Weber, 1896

te den Habsburgern den Weg zum böhmischen Thron. Die Stadt Pilsen stellte sich auf die Seite der neuen Herrscher und empfing 1532 Kaiser Ferdinand I. in ihren Mauern. Dieser entzog 1546 nach dem Tod des Ordensgeistlichen Matouš Švihovský dem Deutschen Orden die Betreuung der Pfarrei St. Bartholomäus. Fortan übte die Stadt das Patronatsrecht über die Pfarrei aus, die von Diözesangeistlichen betreut wurde.

Auch bei anderen Gelegenheiten verhielt sich Pilsen loyal gegenüber Ferdinand I. und erhielt daher 1547 als Zeichen der Erkenntlichkeit nach Prag die erste Stimme in der Stadtkurie des Landtags, der Vertretung der böhmischen Stände. Auf dem Höhepunkt seiner städtischen Macht beauftragte der Rat der Stadt Pilsen im Jahre 1554 den italienischen Architekten Giovanni de Statia mit dem Bau eines neuen Rathauses am Marktplatz. De Statia stammte aus Massagno, einem Nachbarort von Lugano, und war vor seinem Pilsner Auftrag vermutlich bereits an anderen Bauten in Wien und im westlichen Böhmen, unter anderem am Bau des Schlosses Kačerov für den Adeligen Florian Griespek von Griespach, beteiligt gewesen.

1554 schloss Pilsen einen Vertrag mit einer örtlichen Ziegelei über die Lieferung 100 000 »fest und gut gebrannter Ziegel«. Das Rathaus wurde im Jahr 1558 fertiggestellt und vereinte Stilformen der norditalienischen Renaissance mit einheimischen Formelementen. Die Außenfassade ist im Erdgeschoss mit einer Rustika versehen, die Natursteinblöcke imitieren soll. Die drei Obergeschosse gliedern Fenster mit klassischen Umrahmungen und eine ursprünglich aus biblischen Motiven bestehende Sgraffito-Verzierung. Im ersten Obergeschoss befindet sich der Sitzungssaal, den ein mit »G. S. 1574« – vermutlich vom Baumeister Giovanni de Statia – signiertes Fresko der Kreuzigung Christi schmückt; im Hintergrund ist eine der ältesten Veduten Pilsens zu erkennen. Außerdem erhielt der Bürgermeister ein prachtvolles Sitzungszimmer.

Seit der Mitte des 16. Jahrhunderts waren mehrere Baumeister italienischer Herkunft in Pilsen tätig und gaben der bisher vor allem gotischen Stadt ein neues Gepräge.

Die Rückbesinnung auf die Antike äußerte sich nicht nur in der Architektur, sondern auch in der Dichtkunst. Einer der

Wappen der Stadt Pilsen, Darstellung (19. Jahrhundert) im Westböhmischen Museum. – Aufnahme 2014

namhaftesten böhmischen Humanisten war der Pilsner Kašpar Kropač z Kozince (Cropacius). Er wurde 1560 in Wien zum »Poeta laureatus« gekrönt und lebte anschließend in Prag und Pilsen. Die lateinischen Hymnen und Epigramme des katholischen Dichters waren zu seinen Lebzeiten weit verbreitet.

Die Verwaltung Böhmens übertrug Ferdinand I. 1547 seinem zweitgeborenen Sohn Erzherzog Ferdinand II. von Tirol. Dieser nahm am 26. Februar 1555 an einem Faschingsmaskenball in Pilsen teil, wo er vermutlich zum ersten Mal auf seine spätere Frau, die Augsburger Patrizierin Philippine Welser, traf. Im Umfeld des Pilsner Aufenthaltes Ferdinands von Tirol wurden auch prachtvolle Turniere abgehalten.

Ab dem Jahr 1578 wurde Nichtkatholiken das Bürgerrecht in Pilsen verwehrt, das seinen Ruf als »stets treue« katholische Stadt verteidigte. Dessen ungeachtet konvertierte im Jahre 1581 selbst ein Geistlicher der Bartholomäuskirche namens Fabian

DAS STADTWAPPEN ALS SPIEGEL
DER STADTGESCHICHTE

Die Stadt Pilsen besitzt ein Stadtwappen, in dem sich unterschiedliche Phasen der Stadtgeschichte niedergeschlagen haben. Es besteht in seiner endgültigen Fassung aus einem viergeteilten Feld mit einem Herzschild sowie einem bekrönenden Engel.

Wie ist diese Darstellung entstanden? Ältester Bestandteil ist die weiße Windhündin mit goldenem Halsband auf rotem Grund, die für die Treue der Stadt zu König und Kirche stehen soll. Kaiser Sigismund ergänzte 1434 dieses Bild um ein weiteres Feld. Auf ihm ist ein goldenes Kamel auf grünem (ursprünglich blauem) Grund zu sehen, das an die Episode mit dem erbeuteten Kamel während der im Jahr 1433 beginnenden neunmonatigen hussitischen Belagerung (vgl. S. 25) erinnert.

Papst Paul II., dem sich die Stadt nach dem Abfall von dem utraquistischen König Jiří z Poděbrad unterworfen hatte (vgl. S. 27), fügte am 23. Dezember 1466 zwei weitere Wappenfelder hinzu: zwei goldene, voneinander abgewandte Papstschlüssel auf Silbergrund sowie einen silbernen gerüsteten Waffenträger mit Schwert auf Goldgrund, der in seiner Rechten einen halben Reichsadler hält.

Im ausgehenden 15. Jahrhundert besannen sich die Pilsner auf ihr erstes mittelalterliches Stadtsiegel und legten auf die vier bestehenden Felder eigenmächtig einen Herzschild auf, in den sie das Siegelbild einfügten. Es handelt sich um eine silberne Burg auf rotem Grund. Im Torbogen steht ein gewappneter und mit einem roten Mantel versehener Ritter, dessen Schild den böhmischen Löwen zeigt. Man vermutet, dass es sich dabei um den Stadtgründer, König Václav II., handelt. Auf den Zinnen steht eine Jungfrau mit zwei Fahnen – die eine zeigt den weißen doppelschwänzigen Löwen auf rotem Grund, das heraldische Zeichen der Přemyslidendynastie, die andere den schwarzen St.-Wenzels-Adler auf silbernem Grund.

Vervollständigt wurde das Wappen am 1. Dezember 1578 durch Papst Gregor XIII., der damit seinen Legaten P. Antonio Passevino SJ beauftragte; er bekrönte es mit einem Engel als Schildträger sowie einem Dreihügel, der als Aufschrift das Motto Kaiser Constantins des Großen, *»In hoc signo vinces«* (In diesem Zeichen wirst du siegen), trägt. Auf dem Dreiberg ruht ein Kreuz, das zwei Olivenzweige einrahmen; außerdem wachsen links und rechts aus ihm eine Hellebarde und ein Streitkolben empor.

Auf Elemente des Pilsner Wappens beziehen sich auch die drei im Jahre 2010 nach Entwürfen des Architekten Ondřej Císler auf dem Hauptplatz aufgestellten modernen Brunnen, die den Engel, das Kamel und die Windhündin symbolisieren.

zum Protestantismus. Zur Stärkung des katholischen Glaubens wurde 1585 kurzzeitig erwogen, in Pilsen ein eigenes Jesuitenkolleg zu errichten. Die Jesuiten hätten insbesondere der Verbreitung der lutherischen Lehre Einhalt gebieten sollen, ihre Niederlassung verhinderte allerdings der Dominikanerorden.

Anstelle des Jesuitenkollegs wurde von 1591 bis 1592 auf dem Ringplatz, in der Nähe der Sakristei von St. Bartholomäus, das »Stift« errichtet – der dreigeschossige Neubau der städtischen Schule. Sie genoss einen guten Ruf und eröffnete bis zur ihrer Aufhebung durch die österreichische Schulreform von 1776 vielen Pilsner Bürgerssöhnen den Zugang zu den Universitäten in Leipzig, Krakau, Wien, Prag und Wittenberg. Einer ihrer Absolventen war der humanistisch gebildete Šimon Plachý z Třebnice, der anfangs als Ratsschreiber tätig war, dann sogar zum Bürgermeister gewählt wurde und eine der ersten historischen Abhandlungen über Pilsen auf Grundlage überlieferter Quellen verfasste.

Neben den Protestanten als Feinden im Innern wurden zudem die Osmanen als äußere Bedrohung gefürchtet, deren Herrschaftsbereich in der Frühen Neuzeit fast ganz Südosteuropa umfasste. Die Angst vor einer weiteren Expansion dieses Reiches bewegte viele christliche Gebietskörperschaften, Herrscher und Theologen in Mitteleuropa. Auch die Stadt Pilsen unterstützte 1567 Kaiser Maximilian II. in seinem Kampf gegen die Türken, indem sie 60 Mann Fußvolk und 24 Reiter stellte.

Flucht vor der Pest

Im Jahre 1599 floh Kaiser Rudolf II. vor der Pest aus Prag und schlug am 14. September für die Dauer von neun Monaten seine Residenz in Pilsen auf. Für jene Zeitspanne war Pilsen gewissermaßen der Mittelpunkt des Heiligen Römischen Reiches. Rudolf II. empfing exotische Gesandtschaften aus Moskau (7. Oktober 1599), aus der Walachei (13. Januar 1600), Persien und Neapel, die ihn zum Kampf gegen die Osmanen drängten. Die Pilsner erlebten damit den Kontakt mit für sie bis dahin fremden Kulturen. An Rudolfs Pilsner Aufenthalt erinnert bis heute das so genannte Kaiserliche Haus, das links neben dem Rathaus am Marktplatz steht. Es ist allerdings erst im Jahre 1607 nach Plänen von Giovanni Maria Filippi fertiggestellt worden, der zwei bestehende Häuserparzellen zusammenfasste. Der Bau wurde als kaiserliche Nebenresidenz geplant, hat diesem Zweck aber nie gedient. Temperagemälde im Vorraum stellen Rudolf II. als gerechten Richter vor. Des Weiteren stammt aus der Zeit Rudolfs II. ein Gemälde der heiligen Maria Magdalena von Domenico Tintoretto an einem Pfeiler des Südschiffs der Bartholomäuskirche. Zu jener Zeit wirkte in Pilsen auch der Mathematiker und Astronom Kašpar Ladislav Stehlík, der nach Studien in Prag und Ingolstadt zunächst Mitarbeiter Tycho Brahes in Prag wurde, ehe er in seine Geburtsstadt Pilsen zurückkehrte. Dort gab er Kalender und meteorologische Schriften heraus und war mehrere Jahre Bürgermeister und Ratsherr.

Barocke Stadt zwischen Krieg und Kultur

Von Mansfeld zu Wallenstein

Als 1618 der Unmut der protestantischen Stände Böhmens gegen die Habsburger in einen landesweiten Aufstand mündete, blieb die Stadt Pilsen Kaiser Maximilian II. treu. Dieser berief den Hauptmann Felix Dornheim mit einem Söldnerheer zur Verteidigung Pilsens und forderte die Äbte der Klöster Tepl, Plaß und Chotieschau zur Unterstützung der Stadt auf. Inzwischen hatten die böhmischen Stände Ernst Graf von Mansfeld verpflichtet, der alsbald Pilsen belagern ließ. Als sich am 19. September 1618 eine Vorhut Mansfelds in der Nähe der Stadt zeigte, ließ Dornheim die Vorstädte niederbrennen, während das protestantische Heer bei Bory und in der Nähe der Allerheiligenkirche seine Lager aufschlug. Am 2. Oktober begann die Beschießung Pilsens, dessen Besatzung sich heftig wehrte und durch einige Ausfälle den Belagerern auch manchen Schaden zufügte. Schließlich aber musste sich Pilsen der Übermacht beugen. Am 21. November 1618 nahmen Truppen unter der Führung von Ernst von Mansfeld Pilsen ein. Mansfeld selbst nahm im kaiserlichen Haus Quartier. Den Pilsnern wurden hohe Kontributionen auferlegt. Während der dreijährigen Besatzung gingen weitere Teile des städtischen Archivs verloren. Am meisten schmerzte aber die katholische Bevölkerung der vorübergehende Verlust der Kirchen: In der Bartholomäuskirche wurden kalvinistische Gottesdienste abgehalten. Die Franziskanerkirche wurde zu einem weltlichen Veranstaltungsraum, während die Allerheiligenkirche gar als Schafsstall zweckentfremdet wurde. Den Katholiken in der Stadt blieb nur noch die Dominikanerkirche für ihre Religionsausübung. Die Besatzungssoldaten unternahmen immer wieder Plünderungszüge bis vor die Tore Prags. Erst die Schlacht am Weißen Berg bei Prag, in der die kaiserlichen Truppen am 8. November 1620 die protestantischen Stände

Böhmens besiegten, führte eine Wende herbei. Damit waren nämlich auch die Versorgungswege des protestantischen Heeres abgeschnitten.

Als sich Ernst von Mansfeld gerade in der Pfalz aufhielt, verhandelten seine örtlichen Befehlshaber mit dem Rat der Stadt über Bedingungen eines Abzugs, der gegen die Zahlung von 40 000 Gulden zustande kam. So konnte die Stadt Pilsen schließlich Ende März 1621 durch den Oberbefehlshaber der Katholischen Liga, Johann 't Serclaes von Tilly, wieder für den Kaiser in Besitz genommen werden. Die Beurteilung der Mansfeldschen Besatzungsmonate war bereits bei den Zeitgenossen höchst kontrovers, da Katholiken wie Kalvinisten keinen Versuch unterließen, Ernst von Mansfeld entweder zu schmähen oder zu glorifizieren. Die profanierten Kirchen Pilsens wurden 1623 durch den päpstlichen Legaten Bischof Carlo Carafa, einen zentralen Akteur der katholischen Gegenreformation, neu eingeweiht.

Im weiteren Verlauf des Dreißigjährigen Kriegs erhielt Pilsen eine Ausweitung seiner bisherigen Stadtbefestigung. Außerhalb der Stadtmauern wurden mehrere Bastionen angelegt, die für die Verteidigung gegen einen Beschuss mit moderner Artillerie besser geeignet waren als die mittelalterlichen Mauern. Wiederholte Einquartierungen kaiserlicher Truppen belasteten den Etat der Stadt. Der Kaiser versuchte erneut, die Pilsner trotz der hohen Schulden bei Laune zu halten. So bestätigte Ferdinand II. im Jahre 1627 die Goldene Bulle Kaiser Sigismunds. Im Januar 1628 erließ der Kaiser Pilsen zwar einen beträchtlichen Teil seiner Verbindlichkeiten, gewährte der Stadt aber nicht, sich an den großen Konfiszierungen zu beteiligen, mit denen im Zuge der Rekatholisierung Böhmens das Gut des protestantischen Adels eingezogen und neu verteilt wurde.

Vom 10. Dezember 1633 bis zum 22. Februar 1634 weilte der kaiserliche »Generalissmus« Albrecht Eusebius von Wallenstein in Pilsen, der verdächtigt wurde, sich gegen seinen Herrn erheben zu wollen. In zwei Verpflichtungserklärungen, dem ersten und dem zweiten Pilsner Revers vom 12. Januar bzw. 20. Februar 1634, versicherte sich Wallenstein der Treue seiner Gefolgschaft für den Fall, dass er bei Kaiser Ferdinand II. in Ungnade fallen sollte. Von Pilsen aus brach er mit einigen Getreuen nach Eger auf, wo er am 25. Februar 1634 im Zuge einer Verschwörung ermordet wurde. Friedrich Schiller hat 1799 in seiner Wallenstein-Trilogie (Wallensteins Lager, Die Piccolomini, Wallensteins Tod) den Schauplatz Pilsen zu einem berühmten Dramenszenario verarbeitet.

Die militärischen Einquartierungen blieben nicht folgenlos: Im Herbst 1634 suchte die Stadt eine Pestepidemie heim, der etwa ein Drittel der Stadtbevölkerung zum Opfer fiel. Ein weiterer Ausbruch der Pest im Jahre 1645 dezimierte vor allem die kaiserliche Garnison in der Stadt. Zuvor hatte 1639 eine zweitägige Beschießung durch schwedische Truppen unter General Johan Banér erneut das Kriegsgeschehen bis vor die Tore Pilsens geführt.

Die Habsburger zeigten ein lebhaftes Interesse daran, die Kampfesmoral und die Verteidigungsfähigkeit in Pilsen aufrecht zu erhalten. Im Jahre 1645 besuchte Kaiser Ferdinand II. die ihm gegenüber loyale, aber vom Krieg schwer gezeichnete Stadt. Er ordnete einen weiteren Ausbau der Befestigungsanlagen an, der von 1645 bis 1649 unter der Leitung des Obristen Jan van der Croon realisiert wurde. Dieser ließ eine Vorstadt abbrechen, um ein Außenwerk der Festung zu vergrößern.

Ein Wiederaufstieg mit Hürden

1648 konnten die Pilsner bei der Nachricht vom Westfälischen Frieden aufatmen, der dem Dreißigjährigen Krieg ein Ende setzte. Die Freude trübte allein der Umstand, dass die Schulden der Stadt gewaltig angestiegen waren. Ferner litten die Bewohner unter den Auswirkungen einer Pestwelle. Die Nachwehen des Dreißigjährigen Krieges sollten für Pilsen noch mehrere Jahrzehnte spürbar bleiben. Die starken Bevölkerungsverluste konnten nur zum Teil durch eine neue Zuwanderung aus Tirol und Norditalien ausgeglichen werden. Kaiser Leopold I. bestätigte zwar am 2. Juni 1660 die städti-

EINDRÜCKE EINES FRANZÖSISCHEN DIPLOMATEN

Der aus Lyon stammende Mediziner und Diplomat Balthasar de Monconys hinterließ ein Reisetagebuch, das 1666, ein Jahr nach seinem Tod, in Lyon im Druck erschien. Darin hielt er auch einen Besuch in Pilsen im November 1663 fest:

Am 15. November (…) gelangten wir gegen 9 Uhr an ein Haus, in dessen Nähe Schmieden in Betrieb waren, die wir uns ansahen. Anschließend speisten wir in dem Haus, das der Kaiser zur Bequemlichkeit der Durchreisenden hat errichten lassen. Wir brachen um 14:30 Uhr auf und gelangten gegen 17 Uhr zu der kleinen Stadt Pilsen, nachdem wir jeden Tag vier Meilen zurückgelegt hatten, an Nadel- oder Birkenwäldern vorbei, wo man zahlreiche kleine Dörfer und Städte antrifft, die jedoch stark in Mitleidenschaft gezogen sind. Es gab gerade einen Jahrmarkt in Pilsen, und es war auch eine Garnison anwesend, deren Soldaten am Tor Wache hielten, als wir in die Stadt kamen. Wir bezogen Quartier im Goldenen Adler, an einer Ecke des Platzes, wo wir nicht besser lagen als sonst auf dem Stroh, das in der Mitte des Raumes ausgebreitet wurde, und einem argen Federbett darunter.

Am 16. war ich morgens in der Kirche, die dem Quartier gegenüber liegt und ziemlich hübsch ist, mit vergoldeten Altären an jedem Pfeiler. Anschließend ging ich über den Platz, wo man die Verkaufsstände abbaute. Wir brachen um 10 Uhr auf und kamen um 17 Uhr nach Kladrau, nachdem wir nur drei Meilen zurückgelegt hatten.

schen Privilegien, doch sträubte sich die Stadt 1671 gegen die Pläne, in Pilsen ein neues böhmisches Bistum zu errichten. Die Pilsner waren nicht etwa abtrünnig geworden, sondern wurden vielmehr von der Einsicht geleitet, finanziell nicht auf die repräsentativen Bedürfnisse eines Bistums eingestellt zu sein. Vor allem waren sie jedoch nicht bereit, ihre Stadtkirche abzutreten. Dabei stand Pilsen in der zweiten Hälfte des 17. Jahrhunderts durchaus in der Reihe der wohlhabenderen Städte in Böhmen: Seine Grundherrschaft umfasste 1699 insgesamt 22 Dörfer, dazu landwirtschaftliche Güter, Fischzuchten und seit 1678 ein Eisenwerk in Horomyslice, etwa zehn Kilometer östlich der Stadt gelegen.

Die Pest und die Anfänge des Barock

Im Jahre 1680 war Pilsen erneut von einer schweren Pestepidemie betroffen. Die Bürger der Stadt sammelten sich am 22. September auf dem Ringplatz zu einer großen Prozession, bei der sie die Errichtung einer Pestsäule gelobten, sollte die Krankheit bald vorübergehen. Noch im Herbst desselben Jahres wurde der Grundstein des von dem Bildhauer Christian Widmann gestalteten, noch heute am Ringplatz stehenden Denkmals gelegt. Es wird von einer vergoldeten Statue der Muttergottes, einer Nachempfindung der gotischen Pilsner Madonna, bekrönt. Nach dem St. Martinstag (11. November) wurde als weiteres Zeichen der überstandenen Pest ein dritter Markt eingerichtet. Mit Genehmigung Kaiser Leopolds I. fand zudem ab 1681 alljährlich ein vierter Markt nach dem St.-Peter-und-Paul-Fest (29. Juni) statt.

Als 1714 erneut die Pest ausbrach, ergänzten Christian Widmann und sein Sohn Lazarus die Pestsäule um die Begleitfiguren der Heiligen Bartholomäus, Wenzel, Franz Xaver, Florian, Barbara, Rochus, Petrus von Alcantara sowie Rosalia. Ein Jahr zuvor hatte die Ölbergszene am Presbyterium der Bartholomäuskirche ein barockes Gitter mit Engelsköpfchen erhalten. Eines von ihnen ist besonders abgegriffen und gilt in der Stadt bis heute als Glücksbringer. Eine Legende berichtet in diesem Zusammenhang von der Hochzeit eines Scharfrichters, der als Vertreter eines unehrbaren Gewerbes an seiner eigenen Trauung in der Kirche nicht teilnehmen durfte und während der Zeremonie vor dem Ölberg auf Knien gebetet habe. Als er wieder aufgestanden sei, habe er mit seinen Händen genau jenes Engelsköpfchen umfasst, das seither von vielen Passanten berührt wird, die sich davon die Erfüllung eines Wunsches versprechen.

Den Ringplatz ergänzten damals vier Brunnen, die in dessen Ecken aufgestellt waren. Auf einem stand die Figur eines sagenhaften Ritters namens Žumbera, die seit 1919 an der Fassade des Kaiserlichen Hauses angebracht ist.

Das 17. und das 18. Jahrhundert waren von zahlreichen Bauernunruhen geprägt. So erhoben sich auch die Choden, eine tschechischsprachige Gruppe, die in der Umgebung der Stadt Taus entlang der bayerisch-böhmischen Grenze lebte, unter ihrem Anführer Jan Sladký Kozina gegen die Unterdrückung durch den Grundherrn Wolf Maximilian Lamminger von Albenreuth. Kozina wurde verhaftet und 1695 in Pilsen durch Erhängen hingerichtet. Seine Leiche hing ein ganzes Jahr hindurch zur Abschreckung am Galgen.

Von Künstlern, Kriegen und Tuchmachern

Während sich diese Unruhen zutrugen und die Stadtbevölkerung von Pestepidemien bedroht wurde, wandelte sich das äußere Erscheinungsbild Pilsens gerade noch einmal grundlegend. Einer der erfolgreichsten Barockarchitekten im ausgehenden 17. und in der ersten Hälfte des 18. Jahrhunderts war Jakub Auguston der Jüngere, ebenfalls ein Nachfahre italienischer Einwanderer, die in Pilsen das Bürgerrecht erworben hatten. Ab 1694 baute er, der zunächst zum Stuckateur ausgebildet worden war, das später so genannte Gerlach-Haus, ursprünglich ein gotisches Bürgerhaus, in barocker Manier um. Er schuf unter anderem das doppelgieblige Gebäude der Erzdechantei am Ringplatz (1710), den heutigen Sitz des Bistums Pilsen, sowie die Fassade der Franziskanerkirche (nach 1723) und mehrere Privathäuser.

Die Adelige Kateřina Vratislavová z Mitrovic, eine Klosterfrau in Prag, stiftete 1711 die Kirche St. Anna und Rosa von Lima sowie das zugehörige große Dominikanerinnenkloster am südlichen Rand der Altstadt, zu deren Bau Jakub Auguston die Pläne lieferte. Die Nonne aus adeliger Familie erwarb dafür mehrere Häuser am Lititzer Tor. Die elegante Kirche wurde mit barocken Fresken von F. Julius Lux ausgestattet. Die Präsenz der Dominikanerinnen fand ihren Widerhall im Stadtbild durch die Benennung der Nonnengasse und der volkstümlichen Umbenennung des Lititzer Tores in »Nonnentor«. Der südliche Teil der Altstadt hieß »Nonnenviertel«, zur Unterscheidung vom »Sachsenviertel« im Norden, vom »Prager Viertel« im Osten und dem »Reichsviertel« im Westen.

Die von Jakub Auguston gestaltete Fassade der Erzdechantei (heute Bistumssitz) und das nicht mehr existierende Haus »Zum Roten Herzen« mit reich verzierter Renaissancefassade. – Aufnahme von Andreas Groll, 1856

Doch auch das 18. Jahrhundert erwies sich als unruhige Epoche: Ein Großbrand im Jahre 1729 richtete große Schäden an. Hinzu kamen weitere militärische Einwirkungen von außen: Im Ersten Schlesischen Krieg (1740–1742) besetzte ein bayerisch-französisches Heer Pilsen vom 27. Oktober bis 8. November 1741. Auch wenn es nicht zu Kampfhandlungen kam, so war doch jede Einquartierung gleichbedeutend mit Einbußen. Die zurückgelassenen 500 französischen Soldaten mussten sich später dem kaiserlichen Feldmarschall Karl Alexander von Lothringen ergeben.

Im Zweiten Schlesischen Krieg (1744–1745) folgte im Oktober 1744 eine Einquartierung sächsischer Soldaten. Als Zeichen der privaten Frömmigkeit stiftete nach der Beendigung des Krieges 1745 der Arzt Peter Helfer von Helferstein die kleine Kirche Zum Jesulein. Doch währte auch dieser Friede nur wenige Jahre, denn während des Siebenjährigen Krieges (1756–1763) folgte eine preußische Besetzung unter General Johann Dietrich von Hülsen, die nur gegen Kontributionszahlungen wieder abgezogen wurde.

Es gab allerdings auch Gruppen, die von den Kriegen profitierten. Das 18. Jahrhundert brachte nämlich für Pilsen neben starken Beeinträchtigungen durchaus wirtschaftliche Vorteile: Im September 1737 wurde für alle nach Pilsen importierten Konsumgüter die Zollfreiheit eingeführt; Zölle wurden ab diesem Zeitpunkt nur noch auf Waren im Durchgangsverkehr erhoben. Zu jener Zeit nahm die Tuchmacherei in der Stadt einen starken Aufschwung. Um 1740 waren hier neun Tuchmachermeister tätig, die sich aufgrund zahlreicher Aufträge für die österreichischen Regimenter während der Schlesischen Kriege eines guten Einkommens erfreuten. Auch der Siebenjährige Krieg garantierte in dieser Hinsicht einen sicheren Absatz. Zur Sicherung der Arbeits-, Farb- und Stoffnormen wurde 1758 eine Tuchmacherordnung eingeführt.

In der Umgebung Pilsens weideten große Schafherden; neben der erforderlichen Wolle steuerten sie als Nebenprodukt auch einen beliebten Schafskäse bei. Doch in den Jahren 1771 bis 1772 kam es zu einer Teuerung des Tuches, infolge derer die Gewinne zurückgingen und 30 von 50 Pilsner Meistern bankrott gingen.

Eine gewisse Belebung der Konjunktur trat erneut während des Bayerischen Erbfolgekriegs von 1778 bis 1779 ein, da der erhöhte Bedarf an Uniformen zu verstärkten Bestellungen bei den Pilsner Tuchhändlern führte. Doch auch in Friedenszeiten wurde das Pilsner Tuch auf den vier Jahrmärkten an in- und ausländische Händler veräußert. Ein 1784 erlassenes Tucheinführungsverbot förderte die Pilsner Produktion gegenüber der ausländischen Konkurrenz. Besonders gefragt waren die Pilsner »Kniestreichertücher«, deren Wolle mit der so genannten Kniestreiche gekrämpelt (behandelt) worden waren, einer Kartätsche mit feinen Häkchen, die alle Unebenheiten aus der Wolle herauskämmte.

Jahrmarkt in Pilsen. Ein deutscher Geschäftsmann schickte die Karte einem französischen Handelspartner und ergänzte die tschechische Erklärung handschriftlich in deutscher Sprache. – Ansichtskarte, gelaufen 1908

Seit dem Jahr 1789 betrieb die Stadt in Chrast u Plzně das Alaunbergwerk St. Veit. Alaun, ein schwefelsaures Kalium-Aluminium-Doppelsalz, wurde zum Färben und Imprägnieren von Tuchen verwendet. Doch die Tuchmacherei war beileibe nicht der einzige wichtige Gewerbezweig in Pilsen in der zweiten Hälfte des 18. Jahrhunderts. Erwähnenswert sind unter anderem die Zinngießerei sowie die Glaserzeugung und -schleiferei. An Bedeutung gewannen aber auch schon damals der Abbau von Silber- und Eisenerz sowie die Gewinnung von Mineralien.

Auf dem Weg zur Moderne

Reformen des aufgeklärten Absolutismus

Kaiser Joseph II. spielte in der Geschichte der Habsburger Monarchie eine zwiespältige Rolle: Einerseits strebte der Monarch nach einer rationalen Durchdringung der Herrschaft, andererseits steht er aufgrund seiner Vereinheitlichungstendenzen etwa auch für die zwanghafte Durchsetzung des Deutschen als alleinige Amtssprache in seinem multikulturellen Reich. Der Kaiser besuchte Pilsen auf seinen Inspektionsreisen insgesamt viermal – am 14. Juni 1766, vom 3. bis 5. September 1768, am 19./20. Oktober 1771 und am 5. Oktober 1779. Er veranlasste eine Reihe von tief greifenden Reformen. Von den drei in der Stadt wirkenden Klöstern blieb lediglich das Franziskanerkloster bestehen, in dessen Kirche fortan deutschsprachige katholische Gottesdienste gefeiert wurden, während die Niederlas-

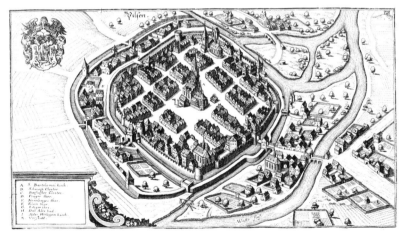

Matthäus Merian stellte Pilsen 1633 im Zustand vor dem barocken Umbau der Befestigungsanlagen aus der Vogelperspektive dar.

sungen der Dominikanerinnen 1782 und die der Dominikaner 1783 aufgelöst wurden. Die Bauten des Männerklosters wurden in ein Militärkrankenhaus umfunktioniert, aus dem Frauenkloster wurde 1776 ein Gymnasium. Auch aus der Bartholomäuskirche wurden 1787 zahlreiche Altäre entfernt – von den ursprünglich 31 blieben nur sieben erhalten.

Die Stellung des Katholizismus erfuhr durch diese Eingriffe in Pilsen eine erhebliche Schwächung. Einschneidend war darüber hinaus in den Jahren 1779 bis 1783 auch die Neuvermessung des städtischen Grundbesitzes, der an Bauern verteilt wurde. Dadurch ging Pilsen nicht nur eines Teils seines Hinterlandes verlustig, sondern auch eines Teils seiner alljährlichen Einnahmequellen.

Eine ewig wiederkehrende Aufgabe der Städte war die Regelung der Versorgung von Bedürftigen und Armen. Seit dem Mittelalter hatten sich ihrer karitative Orden und mildtätige Stiftungen angenommen; das rationale Verwaltungsdenken der Aufklärung sah sie allerdings als Problem an. Um das »öffentliche Herumlaufen der Bettler« einzuschränken, beschloss der Stadtrat im Jahr 1781/82 schließlich die Errichtung eines Armen-Versorgungsinstituts in Pilsen, das zum Teil durch private Sach- und Geldspenden unterhalten wurde. Nicht ortsansässige Arme sollten abgeschoben, wirklich bedürftige Menschen würdig untergebracht, »Müßiggänger« aber einem Arbeitszwang unterworfen werden. Der Urheber dieser Bemühungen war der aufgeklärte Arzt und Ratsherr Bernard Říha, der auch für die schulische Ausbildung der Jugend Pläne entwarf. Er war einer der ersten namentlich bekannten Freimaurer in Pilsen.

1788 wurde die noch aus dem Mittelalter herrührende Gemeindeordnung abgeschafft und durch eine neue Struktur ersetzt. War bisher der Pilsner Bürgermeister von den Schöffen für eine begrenzte Amtszeit gewählt worden, so ernannten ihn während der nächsten Jahrzehnte die Regierungsbehörden. Er bildete zusammen mit sechs geprüften Räten, einem Anwalt und einem geprüften Kriminalaktuar den Magistrat, die Vertretung der staatlichen und kaiserlichen Macht vor Ort, und hatte für den gesamten Pilsner Kreis die Kriminalgerichtsbarkeit inne.

Eine weitere Veränderung war die Aufhebung des um die Bartholomäuskirche am Ringplatz gelegenen Friedhofs im Jahre 1789. Damit wurde der Nikolausfriedhof am östlichen Ufer der Radbusa, der bisher der Beisetzung von Armen und Selbstmördern vorbehalten war, zum Hauptbestattungsort der Stadt. Die dort befindliche gotische Nikolauskirche hatte zur Zeit der Renaissance und des Barocks Umbauten erfahren. Dabei waren die frühere Sakristei in eine Annenkapelle umgebaut und ein barocker Altar aufgestellt worden.

Bücher, Besetzung und ein philosophisches Institut

In der Zeit der Aufklärung erhielt das Buchwesen in Pilsen einen neuen Auftrieb: 1787 ließ sich der aus Tirol stammende Buchdrucker Joseph Johann Morgensäuler, der in Prag sein Handwerk erlernt hatte, in der Stadt nieder und begründete dort einen Verlag, der später auch Niederlassungen in Klattau und Leipzig unterhielt. Drei Jahre später eröffnete er die erste Leihbibliothek in Pilsen, der 1791 noch eine zweite, von Josef Kavka geleitete folgte. Allerdings verboten die Wiener Hofzensurbehörden im Jahre 1798 den Betrieb aller Lesekabinette und Leihbibliotheken. Sie befürchteten, dass die Ideen der Französischen Revolution in solchen Einrichtungen verbreitet werden könnten. Erst nach der Aufhebung dieser Bestimmung im Jahre 1810 konnte Morgensäulers Nachfolger Leopold Reiner eine neue Leihbibliothek aufmachen. Reiner führte selbst den Verlag bis 1833 weiter.

Im Jahre 1795 begann man mit dem Abbruch der Stadtmauern. Zu Anfang des 18. Jahrhunderts hatte man die Festungsanlagen aus der Zeit des Dreißigjährigen Kriegs noch einmal ausgebaut und erweitert, musste aber nun einsehen, dass sie nicht mehr zeitgemäß waren, obwohl noch 1778 in Wien Pläne für eine Erweiterung der Festung Pilsen geschmiedet worden waren.

Während der bald darauf folgenden Napoleonischen Kriege zwischen 1800 und 1814 kam Pilsen vergleichsweise glimpflich davon: Lediglich im Dezember 1799 zog ein mit Österreich verbündetes russisches Heer unter der Führung des Generals Alexander Vassiljevič Suvurov auf dem Weg von Regensburg nach Prag durch die Stadt. Er war auf dem Rückweg von seiner Alpenexpedition im Zweiten Koalitionskrieg. Der verdiente russische General nahm einige Tage am Ringplatz Quartier, ehe er mit seinen Soldaten das Winterlager bei Prag ansteuerte. Im November 1805 wurde die Stadt von einem französischen Corps unter dem Befehl des Generals Louis Baraguay d'Hilliers besetzt, das allerdings nach einigen Tagen österreichischen Truppen weichen musste. Das französische Corps musste sich daraufhin nach Straubing zurückziehen.

Noch vorher aber war in Pilsen eine für das kulturelle Leben im 19. Jahrhundert wegweisende Entscheidung gefällt worden: Als hochschulähnliche Lehranstalt wurde 1804 ein philosophisches Institut im Gebäude des städtischen Gymnasiums – des einstigen Dominikanerinnenklosters – eingerichtet. Landläufig hieß es schlicht das »Gymnasium«, und die frühere Klosterkirche St. Anna wurde analog zur »Gymnasialkirche«. Das Institut unterstand der Aufsicht des Prämonstratenserklosters Tepl, das auch die Lehrkräfte stellte. Bekannt waren im 19. Jahrhundert die umfangreichen Lehrmittelsammlungen der Schule. Im Jahre 1809 wurde Josef Stanislaus Zauper zum Präfekten (später »Direktor«) des Instituts ernannt, ein vielseitig gebildeter und interessierter Mann, der zwar einer deutschsprachigen Familie entstammte, das Tschechische aber sehr förderte. Unter seiner Leitung wirkten an dem Institut unter anderem der Mathematiker und Physiker Josef Vojtěch Sedláček und ab 1836 der Philosoph Josef František Smetana, zwei der führenden Vertreter der tschechischen nationalen Wiedergeburt in Pilsen. Smetana, der nicht nur bedeutende Werke über Physik und Astronomie verfasste, sondern auch Lyrik und Prosa, war ein Onkel des tschechischen Komponisten Bedřich Smetana. Sedláček hatte unter anderem in Prag bei Bernard Bolzano studiert. Auf seine Initiative fand am 11. Mai 1818 in Pilsen die erste Theateraufführung in tschechischer Sprache statt, eine Aufführung des lokalgeschichtlich motivierten Stücks *Osvobození Plzně od Taboritů* (Die Befreiung Pilsens von den Taboriten), dessen deutsche Originalversion von dem Schriftsteller Anton Fischer stammte. Sedláček schrieb ein mathematisches Lehrwerk und Gelegenheitsdichtungen, darunter 1818 die romantische Hymne *Na Plzeň* (Auf Pilsen). Er organisierte aber auch das tschechische Verbandswesen, unterstützte elternlose Kinder und setzte sich für Schulunterricht in Tschechisch ein. Als Anfang Januar 1823 der russische Zar Alexander I. Pilsen besuchte, überreichte ihm Sedláček ein Exemplar seines tschechischen Mathematiklehrbuchs. Auf seine Initiative ging auch die Errichtung der ersten tschechischen Schule in Pilsen im Jahre 1819 zurück. Sie funktionierte als Trivialschule, was in der zeitgenössischen Diktion einer Volksschule entsprach, in der die Schüler mit den Grundlagen des Schreibens, Lesens und Rechnens vertraut gemacht wurden.

Ein tatkräftiger Bürgermeister

In Pilsen saßen wichtige Kameralbehörden, nämlich eine k. k. Bezirkskameralverwaltung, eine k. k. Zoll-Legstätte sowie ein k. k. Gefällenwache-Inspektorat. Hinzu kam auch die Bedeutung der Stadt als Militärstandort, der 1825 durch den Bau einer großen Kaserne einen sichtbaren Ausdruck erhielt. An ihrer Errichtung beteiligten sich die brauberechtigten Bürger mit einer nicht unerheblichen Summe. Die einheimische Wirtschaft wurde durch die Einrichtung einer neuen Institution gefördert: Zu den vier bestehenden Märkten im Pilsner Jahreslauf kam ab dem Jahr 1826 noch ein fünfter hinzu – der Wollmarkt, der alljährlich acht Tage lang um das Peter-und-Paul-Fest herum auf dem Ringplatz abgehalten wurde. Die Erzeugnisse der Pilsner Tuchmacher waren derart gefragt, dass jene sogar Niederlassungen in München und Wien unterhielten. Langfristig sollten sie sich allerdings gegenüber der Konkurrenz von Seiten der nordböhmischen Textilindustrie nicht behaupten können; sie wurden im 19. Jahrhundert vom Markt verdrängt. Das Angebot des Jahrmarktes umfasste aber auch Pottasche, Leder- und Federwaren, Eisenerzeugnisse, Leinwand und nicht zuletzt Vieh.

Eine besonders schwunghafte Entwicklung nahm die Stadt auf unterschiedlichen Gebieten während der von 1828 bis 1850 dauernden Amtszeit von Bürgermeister Martin Kopecký. Er war der letzte regierungsernannte Bürgermeister und hatte zuvor bereits in der Kleinstadt Elbogen an der Eger gewirkt. Nach dem Muster zahlreicher europäischer Städte ließ Kopecký in Pilsen nun auch die Reste der alten Stadtmauern niederlegen, die keine Verteidigungsfunktion mehr erfüllten und die Stadt in ihrer Entwicklung über den mittelalterlichen Kern hinaus hemmten. »Mit dem Niederlegen der Tore begann unsere Stadt eine bedeutende Wendung zu nehmen. Die schwarzen Mauern, die sie verdeckten, verwandeln sich in angenehme und praktische Wohnungen, und was von ihnen noch übrig ist, wird nicht mehr lange Bestand haben«, schrieb Kopecký selbst. Anstelle der Fortifikationen und zugeschütteten Festungsgräben entstanden Grünanlagen, die so genannten Promenaden.

Eine besondere Förderung genoss auch die Kultur durch Kopecký: Als ein Ort bürgerlicher Unterhaltung wurde im Jahre 1832 ein erstes festes Theater in Pilsen errichtet. Bis dahin hatten in den Wintermonaten wandernde Theaterensembles die Stadt aufgesucht und an wechselnden Orten ihre Kunst zum Besten gegeben. Die brauberechtigten Bürger der Stadt beschlossen daher gemeinsam, eine feste Bühnenstätte zu schaffen. Als Baumeister des neuen Hauses wurde der aus dem Veneto stammende Lorenzo Sacchetti engagiert, der dem Haus die strenge klassizistische Form eines dorischen Tempels verlieh. Im Innern war es reich mit dekorativen Malereien ausgestattet. 1857 ging das Theater in städtisches Eigentum über. Mit einem Wandertheaterensemble kam 1856 der verarmte und bereits schwer erkrankte Josef Kajetán Tyl, einer der bedeutendsten tschechischen Dramatiker, nach Pilsen, wo er bald verstarb und auf dem Nikolausfriedhof beigesetzt wurde.

Weitere Strukturmaßnahmen aus der Amtszeit Martin Kopeckýs waren die Errichtungen des Schlachthofs, einer Brücke über die Radbusa und der Bau des ersten städtischen Krankenhauses ab 1833. Die Notwendigkeit einer solchen medizinischen Einrichtung hatte sich im Jahr zuvor erwiesen, als in Pilsen die asiatische Cholera grassierte und die bestehende Versorgung mit Krankenbetten unzureichend gewesen war.

Ein gescheitertes Kurbad und ein ausgebrannter Kirchturm

Eine romantische Initiative von Bürgermeister Kopecký war 1835 die Anlage eines kleinen Kurbades auf einer Anhöhe am Fuße des Berges Lochotín. Das Wasser einer dort entdeckten Heilquelle enthielt salinisches Eisenvitriol. »Lage, Umgebung, das im italienischen Style schön erbaute Badhaus, nebst der Colonade und eine schöne Aussicht geben diesem jüngsten Curorte Werth und Weihe«, hieß es in einer zeitgenössischen Beschreibung aus dem Jahre 1837. Allerdings war dem kleinen Kurbad keine lange Dauer beschieden, da die Quelle nicht ergiebig genug war, weshalb der Betrieb nach wenigen Jahren wieder eingestellt wurde.

Um die gleiche Zeit, in einer kalten Winternacht Anfang Februar 1835, ereignete sich in Pilsen eine Katastrophe, durch die vorübergehend die Stadt eines ihrer Wahrzeichen verlustig ging: In der Nacht vom 5./6. Februar zogen dunkle Gewitterwolken auf; gegen drei Uhr morgens schlug ein Blitz in den Turm der Pfarrkirche ein, der sogleich Feuer fing. Er brannte vollständig aus, wobei nicht nur die hoch aufragende Turmspitze, sondern auch das 1803 eingebaute Uhrwerk und die Kirchenglocken zerstört wurden. Ein Übergreifen der Flammen auf die Kirche und die benachbarten Häuser konnte dank des beherzten Eingreifens Pilsner Bürger, der Feuerwehr und des Militärs verhindert werden. Der zerstörte Turm wurde anschließend mit einer besonders schlanken Spitze wiederaufgebaut; mit einer Gesamthöhe von 102,25 Metern ist er der höchste Kirchturm in Böhmen.

Revolution und Restauration

Der Ausbruch der Revolution im März 1848 wurde in Pilsen freudig begrüßt, da die Bürger darauf hofften, sich des drückenden Systems der Restauration entledigen zu können. Am 18. März bildeten sich angesichts der Ankündigung einer neuen österreichischen Verfassung in Pilsen bei einem spontanen Fest eine Nationalgarde und im April eine akademische

DAS »PILSNER URQUELL«

Pilsen wird heute in aller Welt mit dem »Pilsner Urquell« in Verbindung gebracht. Dessen Geschichte begann mit einem handfesten Lebensmittelskandal: Im Februar 1838 wurden auf dem Pilsner Hauptplatz vor dem Rathaus 36 Fässer Bier ausgegossen, die zuvor für ungenießbar erklärt worden waren. Die 252 brauberechtigten Bürger der Stadt beschlossen daraufhin, einen geeigneten Platz für die »Erbauung eines eigenen Malz- und Bräuhauses« zu suchen. Eine entsprechende Entscheidung fällte am 2. Januar 1839 der Bürgerausschuss von Pilsen. Dieser Ort fand sich in der Vorstadt Bubeneč, in der nicht nur der für die Errichtung von kühlen Kellern erforderliche Sandstein vorhanden war, sondern auch frisches Quellwasser in ausreichender Menge. Am 15. September 1839 begann Baumeister Martin Stelzer mit der Errichtung des Gebäudes – drei Jahre später, am 5. Oktober 1842, ging das »Bürgerliche Brauhaus« in Betrieb, das bereits am 11. November auf dem Martinimarkt erstmalig frisch gebrautes Bier ausschenken konnte. Nicht unwesentlich war am Erfolg des Unternehmens der aus dem niederbayerischen Vilshofen an der Donau stammende Braumeister Josef Groll beteiligt: Er brachte die Rezeptur untergärigen Biers nach Pilsen, wo bisher vor allem obergäriges Bier gebraucht worden war. Groll verwendete Quellwasser und Hopfen aus dem Saazer Land. Allerdings lief sein Vertrag zum 30. April 1845 aus, und der Brauer, der als »schwierig« galt und wohl zu den Pilsner Bürgern keinen warmherzigen Kontakt gefunden hatte, kehrte in seine Vaterstadt Vilshofen zurück.

Das »Bürgerliche Brauhaus« unterhielt im Jahre 1870 drei Dampfmaschinen mit einer Leistung von jeweils 100 PS und beschäftigte zugleich 420 Arbeiter. Das Pilsner Bier wurde international so beliebt, dass weltweit Brauereien unter den Bezeichnungen »Pils«, »Pilsner« oder »Pilsener« eigene Biere zu erzeugen begannen. Zwar wurde schon 1850 erstmals versucht, die Marke »Pilsner Bier« zu schützen, doch gelang dies erst 1898 mit der Einführung der Bezeichnung »Pilsner Urquell« (tschechisch: »Plzeňský prazdroj«).

Zum 50-jährigen Betriebsjubiläum entstand 1892 das Prunktor der Brauerei im Neorenaissancestil. Sieben weitere Großbraue-

Bürgerliches Brauhaus Pilsen. – Grafik von Hugo Charlemont, 1896

reien kamen nach dem Bürgerlichen Brauhaus in Pilsen noch hinzu, von denen die Pilsner Genossenschaftsbrauerei, die später
als »Gambrinus« bekannte Erste Pilsner Aktienbrauerei
(1868/69), die Gesellschaftsbrauerei »Prior« (1892) und die Böhmische »Pilsner Brauerei« (1910), in der das dunkle »Světovar« er-
zeugt wurde, das größte Ansehen genossen. Der Pilsner Bier-
export – in 34 Länder der Erde – belief sich im Jahre 1913 bereits
auf über eine Million Hektoliter.

Legion. Tschechische Liberale um den jungen Buchdrucker
und Politiker Ignác Schiebl gründeten am 31. Juni nach Prager
Vorbild den Verein »Lípa slovanská« (Slawische Linde), der
sich für die Gleichstellung beider Nationalitäten in Böhmen,
der Tschechen und der Deutschen, engagierte. Vereinsvorsit-
zender war Josef František Smetana (s. S. 52), der aufgrund
dieses Amtes Benachteiligungen seitens der österreichischen
Behörden in Kauf nehmen musste. Als Vereinsorgan erschien
zwischen Mitte Oktober 1848 und Ende März 1849 der kurz-
lebige, aber dennoch bedeutende *Posel ode Mže* (Bote von der

Mies). Im Jahre 1849 wandte sich das Blatt wieder zugunsten der alten politischen Kräfte.

Dessen ungeachtet hinterließ die Revolution zahlreiche Veränderungen: Die endgültige Aufhebung feudaler Prinzipien bedeutete für die Stadt Pilsen die Abtretung der letzten, nach den josephinischen Reformen noch verbliebenen Grundherrschaften. Nach der Revolution von 1848 zog das k. k. Kreisgericht in das alte Renaissance-Rathaus am Marktplatz ein.

In den 1850er-Jahren wurden eine Reihe von Infrastrukturmaßnahmen in Pilsen realisiert: Baumeister Martin Stelzer errichtete von 1849 bis 1851 die 299 Meter lange Sächsische Brücke über die Mies. Am 23. November 1850 wurde die Handels- und Gewerbekammer Pilsen geschaffen, die in den folgenden Jahren ein verstärktes Wirken von Bank- und Kreditinstituten zur Unterstützung der lokalen Wirtschaft nach sich zog. Doch auch im Stadtbild waren einige Erneuerungen sichtbar. 1858 wurde nicht nur eine Telegrafenverbindung mit Marienbad eingerichtet, sondern auch eine Gasbeleuchtung auf dem Markt und in den Hauptstraßen der Stadt aufgestellt, um die nächtliche Sicherheit zu erhöhen. Im folgenden Jahr wurden der Ringplatz und bald danach auch die angrenzenden Straßen gepflastert. Insbesondere die Förderung von Kohle in der nahen Umgebung Pilsens und die Anbindung an das Eisenbahnnetz bedingten ab den 1860er-Jahren einen rapiden Wandel zu einer wichtigen Industriestadt.

Industriestadt mit globalen Bezügen

Eisenbahn und Industrie

Im Gebiet zwischen Dobřany und Plasy waren bereits im späten Mittelalter große Steinkohlevorkommen entdeckt worden, die sich südwestlich, nordwestlich und nördlich von Pilsen erstreckten. Allerdings wurden erst um 1800 neuzeitliche Bergwerkstechniken entwickelt, die eine Förderung der Steinkohle im großen Stil ermöglichten. Parallel dazu wurde im Tagebau Braunkohle abgebaut, die für Heizungen in Pilsen und Prag, später auch für den Betrieb der Böhmischen Westbahn verwendet wurde. War die Stadt schon im Mittelalter ein Kreuzungspunkt wichtiger Straßen, so wiederholte sich dieses Phänomen in der zweiten Hälfte des 19. Jahrhunderts durch den Bau mehrerer Eisenbahnlinien, die in Pilsen zusammenliefen. Für den Holz- und Kohletransport war schon ab 1828 eine Pferdebahnlinie von Pilsen nach Laná gelegt worden, die sich jedoch nicht für den Personenverkehr eignete. Den Anfang bei der Beförderung von Fahrgästen machte die K. k. priv. Böhmische Westbahn von Pilsen über Nyřany und Taus nach Furth im Wald (1861) und von Pilsen über Rokycany und Beroun nach Prag (1862). Im Jahre 1868 folgte die Kaiser-Franz-Josephs-Bahn von Pilsen über Budweis nach Wien sowie in ihrer nördlichen Fortsetzung ab 1872 von Pilsen über Mies und Marienbad nach Eger. Die K. k. priv. Eisenbahn Pilsen–Priesen band ab 1873 die westböhmische Metropole an Priesen, Saaz und Brüx an. Die so genannte Waldbahn führte seit 1878 von Pilsen über Klattau zum Grenzort Eisenstein, von wo aus eine Umsteigemöglichkeit in die Linie Landau–Bayerisch-Eisenstein der Kgl. priv. bayerischen Ostbahnen bestand. Nach Prag entwickelte sich Pilsen zum zweitwichtigsten Eisenbahnknotenpunkt in Böhmen.

Der durchschlagende Erfolg von Škoda lässt andere Pilsner Industrieunternehmen gelegentlich in den Hintergrund treten. Erwähnenswert sind in diesem Kontext etwa eine 1866 gegründete Zweigstelle der Prager Papierfabrik Prosper Piette, die aus einer Manufaktur erwachsene Modefirma Emanuel Tuschner oder Werke zur Erzeugung von Spiegelglas. Zu nennen ist aber auch die von dem Ingenieur und Erfinder František Křižík weiterentwickelte Bogenlampe (»Pilsner Lampe«), die 1882 auf der Pariser Weltausstellung mit der Glühlampe des amerikanischen Fachkollegen Thomas A. Edison konkurrierte und eine Goldmedaille errang. Des Weiteren gab es Betriebe der chemischen Industrie, Lederwaren-, Porzellan- und Steingutfabriken, Zuckerraffinerien und Streichholzmanufakturen.

ŠKODA – ENTSTEHUNG EINES INDUSTRIEKONZERNS

Als neben dem Eisenbahnbau folgenreichste Entwicklung für die Industrialisierung Pilsens erwies sich die Gründung einer Niederlassung der Eisenwerke Sedlec (bei Starý Plzenec) durch Ernst Graf von Waldstein-Wartenburg im Jahre 1861. Acht Jahre später kaufte das Werk mit damals 13 Arbeitern ein dynamischer Maschinenbauingenieur auf, der bereits im In- und Ausland zahlreiche Erfahrungen gesammelt hatte: Emil Škoda. Er hatte Maschinenbau an der Deutschen Technischen Hochschule in Prag sowie an der Technischen Hochschule in Karlsruhe studiert. Praktische Erfahrungen hatte er unter anderem in Chemnitz, Magdeburg und Bremerhaven gesammelt, ehe er 1866 nach Pilsen zurückkehrte und als Oberingenieur in die Gräflich Waldstein'sche Maschinenfabrik einstieg. Zur Übernahme spornte ihn vor allem sein Vater an, finanziell griff ihm sein Onkel, der bekannte Wiener Arzt Josef Škoda, unter die Arme.

Nach und nach erweiterte Emil Škoda die Firma, der er 1871 eine neue Gießerei, 1872 eine neue Maschinenhalle, 1882 eine Schmiede, 1885 eine Guss-Stahlhütte und 1889 ein Stahlwerk – das erste in Böhmen – hinzufügte. In der Anfangsphase produzierte Škoda vor allem Ausstattungen für Zuckerfabriken und Brauereien sowie Dampfmaschinen, Kessel und Pumpen. Viele dieser Erzeugnisse wurden weltweit vermarktet; so betrieb Škoda schon ab

Gesamtansicht der Škoda-Werke. – Ansichtskarte, um 1925

1876 eine dauerhafte Niederlassung in Kiew für das Russische Reich, bis 1910 existierten Dependancen in aller Welt. Ab 1886 trat die Rüstungsindustrie als weitere Produktionssparte hinzu. So wurden bei Škoda etwa Kanonentürme für Schlachtschiffe und Geschütze produziert. Als die Firma 1899 in eine Aktiengesellschaft umgewandelt wurde, entstand ein riesiger Stahl- und Waffenkonzern, die größte Rüstungsfirma der damaligen Habsburger Monarchie. Die Škoda-Werke erhielten 1911 einen Neubau, eine neue Eisengießerei und ein neues Schmiedewerk. Die Firma expandierte weiter dank zahlreicher Aufträge aus aller Welt. Škoda lieferte beispielsweise Komponenten für das Niagara-Kraftwerk (1895) und für den Suezkanal.

Damit hatte sich ein mittelständisches Unternehmen zu einem wirtschaftlichen Akteur auf globaler Bühne entwickelt, dessen Name in tschechischen Ohren vermutlich zunächst gar nicht als gutes Omen klang: Das Wort »škoda« heißt nämlich auf Deutsch »Schaden« und wird auch als bedauernder Kommentar verwendet – entsprechend dem deutschen »Schade!«.

Der Krieg von 1866 und das Verhältnis von Tschechen und Deutschen

Im Preußisch-Österreichischen Krieg von 1866 wurde Pilsen Ende Juli von preußischen Soldaten besetzt, nachdem zuvor die meisten Behördenvertreter geflohen waren. Erst am 21. September kehrten wieder österreichische Truppen in die Stadt zurück.

An der Beurteilung des Krieges von 1866 schieden sich die nationalen Interessen der in Pilsen lebenden Tschechen und Deutschen. Zu den wenigen oben genannten Beamten, die 1866 beim Einmarsch der Preußen in Pilsen verblieben, gehörte auch František Schwarz, der erst 1862 als Journalist aus Prag zugezogen war, sich aber zunehmend eine feste politische Position in der Stadt aufbaute.

Ab 1867 verzeichnete Pilsen eine tschechische Mehrheit im Stadtrat. In vielen Bereichen zeichnete sich eine zunehmende Kompromisslosigkeit der nationalen Interessen ab: Beispielsweise konnten sich die tschechischen und deutschen Pilsner nicht auf eine abwechselnde Berücksichtigung beider Sprachen bei den jeweiligen Theateraufführungen einigen, so dass innerhalb der deutschen Bürgerschaft die Idee aufkam, ein eigenes Deutsches Theater zu errichten. Nach einem Entwurf von Josef Nyklas wurde es von der Baufirma Martin Stelzer ausgeführt und am 21. Oktober 1869 mit dem benachbarten Deutschen Haus seiner Bestimmung übergeben. Das Theater, dessen Gebäude bis 1977 bestand, wurde von der verhältnismäßig kleinen deutschen Bevölkerungsgruppe, der es immer wieder gelang, auch renommierte Schauspieler zu engagieren, unter großem Aufwand erhalten. Ebenfalls 1869 wurde die Deutsche Evangelische Kirche eingeweiht.

Auch das Vereinsleben nationalisierte sich zunehmend. Als tschechischen Gesangverein gründete 1862 der bereits erwähnte Ignác Schiebl eine Ortsgruppe des »Hlahol«. Dieser erwarb sich ein hohes musikalisches Renommee und brachte 1885 Antonín Dvořáks Kantate *Svatební košile* (Das Hochzeitshemd) unter der Leitung des Komponisten zur Uraufführung. 1863 folgte der Turnverein »Sokol«, der 1887 mit dem »Deutschen Turnverein« ein deutsches Pendant erhielt. Weiterhin waren der

PREUSSISCHE BESATZUNG UND KONTRIBUTION

Ein Pilsner Korrespondent berichtete am 28. Juli 1866 für die in Wien erscheinende Zeitung *Das Vaterland* über den Einmarsch der preußischen Armee, der aufgrund der unterbrochenen Fernverbindungen erst am 1. August abgedruckt werden konnte:

Gestern gegen Mittag rückten die Preußen bei uns ein in der Stärke von 1000–1200 Mann, Uhlanen, Infanterie und Artillerie (6 Geschütze); eine besondere Macht liegt über die Umgegend vertheilt. Die k. k. Beamten flohen schon am 26. nach allen Richtungen, nur wenige blieben hier. (...) Die Telegraphenapparate wurden rechtzeitig geflüchtet, der Post- und Bürgermeister schickte sämtliche Wagen und Pferde weg; die Post ist also vorläufig eingestellt und nur nach ein paar Orten ist eine Verbindung. Die Preußen, denen man mit großer Furcht und Besorgnis entgegensah, da es hieß, Lithauer und Pommern seien darunter, was wirklich der Fall ist, wurden ziemlich gut aufgenommen und haben sich bald mit der Bevölkerung auf guten Fuß zu stellen gewußt. Weniger freundlich werden sie heute angesehen, nachdem sie der Stadt und dem Kreise Pilsen eine heute Abend zu zahlende Contribution von 150 000 Gulden auferlegt haben (Pilsen 40 000, Klattau 25 000 fl.). Diese Summe ist unter den gegenwärtigen Verhältnissen sehr hoch und schon hat die Vertheilung der Beitragsquotienten Anlaß zu Aeußerung der Unzufriedenheit gegeben, da die reichsten der hiesigen Einwohner nur zu ganz unbedeutenden Beiträgen zur Betheiligung an der Contribution herangezogen werden können.

Deutsche Schulverein, deutsche Studentenverbindungen und eine Deutsche Liedertafel in Pilsen aktiv. Im Jahre 1905 waren in der Stadt 290 Vereine registriert, davon 240 tschechische und 50 deutsche.

Im 19. Jahrhundert kristallisierte sich ein nach beiden Sprachen getrenntes Schulwesen heraus. Dabei konnten die deutschen weiterbildenden Schulen vor allem deshalb bestehen, weil sie auch bei der Bevölkerung des deutschsprachigen Egerlandes als Bildungsstätte geschätzt waren.

Zwischen 1864 und 1869 erschien die erste tschechische Zeitung, die *Plzeňské noviny* (Pilsner Zeitung), deren Schriftleiter

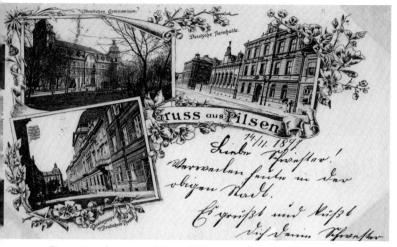

Eine national verengte Sicht auf Pilsen: ausschließlich das Deutsche Gymnasium, das Deutsche Theater und die Deutsche Turnhalle werden präsentiert. – Postkarte, gelaufen 1897

der bereits erwähnte Politiker František Schwarz war. Später ergänzten die tschechische Presselandschaft die Blätter *Český lev* (Böhmischer Löwe, 1870–1872), die *Plzeňské listy* (Pilsner Blätter, 1891–1911), deren Nachfolger, der jungtschechische *Český deník* (Tschechisches Tagblatt, 1912–1944), die sozialdemokratische Zeitung *Posel lidu* (Volksbote, 1892–1894), die satirischen Blätter *Žumbera* (1892–1895) und *Satan* (1895–1896) und die Zeitschrift *Český západ* (Westböhmen, 1908–1939). An deutschen Zeitungen gab es die *Pilsner Bösen Zungen* (1876), vor allem aber zu Beginn des 20. Jahrhunderts das *Pilsner Tagblatt* (1900–1918). Bei allen oberflächlich ausgetragenen Konflikten waren im Alltag Menschen beider Sprachgruppen eng miteinander verbunden. Die Zweisprachigkeit war bei den Bewohnern Pilsens im 19. Jahrhundert stark ausgeprägt. Die deutschsprachige Zeitung *Pilsner Bote* (1854–1869) und deren Nachfolgeblätter *Pilsner Reform* (1870–1899) sowie *Echo aus Pilsen und Westböhmen* (1899–1902) erschienen etwa in der Druckerei des tschechischen Politikers Ignác Schiebl, der ab 1883 auch Präsident der Handels- und Gewerbekammer Pilsen war. Ein weiteres Beispiel dafür, wie verflochten und komplex die nationalen Verhältnisse in Pilsen waren, bietet die Person des Schriftstellers Karel Klostermann (s. S. 66f.).

Zwischen Restauration und Innovation

In den Jahren 1879 bis 1881 unterzog der Architekt Josef Mocker, der auch den neugotischen Ausbau des Prager Veitsdoms betrieb, die Pilsner Bartholomäuskirche einer purifizierenden Restaurierung. Er ließ im Presbyterium und in der Šternberk-Kapelle ein neues Gewölbe einziehen und sieben Altäre aus Renaissance bzw. Barock entfernen. Diese ersetzte er durch selbst entworfene neugotische Altäre, in denen er aber zum Teil auch ältere Bildwerke – etwa im Hauptaltar die berühmte »Pilsner Madonna« – platzierte.

Wenige Jahre später, am 30. August 1885, reiste Kaiser Franz Joseph I. zu einem Manöver, das am 31. August in der Nähe stattfand, mit Beteiligung internationaler Beobachter und Potentaten nach Pilsen. Ihm zu Ehren richtete die Stadt einen Festzug mit historischen Kostümen, der Stadtvertretung, Vereinsabordnungen, szenischen Darstellungen eines Erntefestes und einer Bauernhochzeit, landwirtschaftlichen Vereinen und 2500 Bergknappen aus. Der Monarch nächtigte in dem erst fünf Jahre zuvor von Eduard Kroh erbauten Hotel Valdek, das zu diesem Anlass in Hotel »U Cisaře rakouského/Zum österreichischen Kaiser« umbenannt wurde. Auch die Marke eines Pilsner Bieres, das dem Herrscher besonders gut geschmeckt haben soll, erhielt damals die Bezeichnung »Plzeňský císařský pramen/Pilsner Kaiserquell«. Nach der Gründung der Tschechoslowakei galt dieser Name als nicht mehr zeitgemäß – aus dem »Kaiserquell« wurde 1919 das bis heute gebraute »Gambrinus«.

Im damals noch kaum bebauten Vorort Bory errichteten die österreichischen Behörden in den Jahren 1874 bis 1878 eine Männerhaftanstalt nach Plänen des k. k. Oberbaurats Emanuel Ritter Trojan. In der Strafvollzugsanstalt, die zu ihrer Er-

EIN LANGE VERNACHLÄSSIGTER SCHRIFTSTELLER

Karl/Karel Klostermann wurde 1848 im Böhmerwald geboren und studierte zunächst Medizin. Er brach allerdings sein Studium ab und war ab 1871 als Hauslehrer in Nordböhmen tätig, anschließend als Journalist in Wien. Im Jahre 1873 übernahm er eine Stelle als Lehrer für Französisch und Deutsch an der Deutschen Staats-Realschule in Pilsen. 1907 wurde er in den Stadtrat gewählt. Als Schriftsteller publizierte er zunächst in deutscher Sprache – unter anderem seine *Böhmerwaldskizzen* –, später aber Romane und Erzählungen auf Tschechisch. Seine Werke wurden mehrfach von der Königlich böhmischen Gesellschaft der Wissenschaften in Prag ausgezeichnet. Bereits zu Lebzeiten musste er sich den Vorwurf des Verrats gefallen lassen, gegen den er sich etwa in einem Brief an die Gemeindevertretung der Stadt Bergreichenstein vom 30. September 1908 zur Wehr setzte, in dem es unter anderem hieß:

Ihre Hypnotiseure werden Ihnen sagen und einreden, daß ich ein Abtrünniger, ein Renegat und ein Verräter an dem deutschen Volke bin. Was diese Leute sagen, ist mir gleichgültig, denn sie reichen nicht heran zur Höhe meiner Verachtung. (…) Die Begriffe Nationalität und Stammeszugehörigkeit decken sich heutzutage nicht mehr. Würde dies der Fall sein, wäre beispielsweise ein Deutscher nur derjenige, der von Deutschen abstammt, und derjenige ein Tscheche, dessen Eltern oder Vorfahren tschechisch waren, so müßten sie, gesetzt den Fall, daß Sie als Deutsche sich von den Tschechen bedroht fühlen, so manchen derjenigen, von denen Sie sich jetzt führen lassen, genauso behandeln, wie die tschechische Minorität soeben in Bergreichenstein behandelt worden ist. Oder glauben Sie, daß die Taschek und Konsorten Urstammdeutsche sind? Sie sind eben, insoweit ihre Überzeugung in Betracht kommt, genau so Deutsche geworden, wie ich ein »Tscheche« geworden bin, durch die Lebensverhältnisse nämlich. Das können weder Sie noch die erwähnten Herren in Abrede stellen; der Unterschied ist nur der, daß diese Herren mich einen Verräter nennen, ich sie aber nicht, natürlich, insoweit ihre wirkliche Gesinnung und Überzeugung in Betracht kommt.

Ich bin also meiner Überzeugung und Gesinnung nach ein »Tscheche« und ich habe hierzu das Recht zum mindestens eben-

Eine vielfältige Presselandschaft: Kopfzeilen unterschiedlicher Pilsner
Zeitungen in deutscher und tschechischer Sprache

*so wie die Herren »Taschek«, »Zdiarssky« etc. ein Recht haben,
Deutsche zu sein. (...)*
Karel Klostermann ging davon aus, im deutsch-tschechischen
Streit die kleinere Nation, die Tschechen, gegen die Anfeindungen
von deutscher Seite in Schutz nehmen zu müssen. Neben dem
Tschechischen sprach er übrigens auch Französisch, Italienisch,
Spanisch, Rumänisch, Kroatisch, Russisch, Polnisch und Englisch.
Er erlebte noch die Gründung der Tschechoslowakei im Jahre 1918,
starb aber 1923 in Štěken an den Folgen einer Lungenentzündung.
Klostermann wurde aufgrund seiner Haltung von vielen Deutsch-
nationalen und sudetendeutschen Volkstumsaktivisten gemieden
oder verkannt; erst in den letzten Jahrzehnten hat man seine Per-
sönlichkeit und sein Werk auch in Deutschland und Österreich wieder stärker in den Blick genommen. Zahlreiche tschechische Texte
Klostermanns liegen inzwischen in deutscher Übersetzung vor.

EINE STOLZE JÜDISCHE GEMEINDE

1790 erwarb erstmalig seit 1533 wieder ein Jude im Pilsner Stadtgebiet ein Haus. Die Zahl der in Pilsen wohnhaften Juden stieg allerdings bis 1820 zunächst nur langsam an. Ein Gemeindemitglied, David Leopold Levit, gründete 1837 eine Gerberei, den drittgrößten Betrieb dieser Sparte, mit 45 Mitarbeitern. Doch erst die Revolution von 1848/49 brachte den Juden innerhalb der Habsburger Monarchie die vollständige Gleichberechtigung. In Pilsen bildete sich eine jüdische Gemeinde, deren Mitgliederzahl rasch anstieg (1854: 249, 1889: 2252, 1910: 3486 Personen). In den Jahren 1857 bis 1859 entstand nach Plänen des Architekten Martin Stelzer in einem Innenhof der heutigen Smetanovy sady die Alte Synagoge. Zu ihr gehörten auch eine Schule und ein ritueller Schlachthof, der koscheres Fleisch anbot. Seit 1856 gab es im Stadtteil Lochotín auch erstmalig wieder seit dem 16. Jahrhundert einen jüdischen Friedhof in Pilsen. Die Alte Synagoge erwies sich bald als zu klein. Die Gemeinde erwarb daher 1874 ein Grundstück, allerdings verzögerte sich der Baubeginn mehrfach aufgrund der beschränkten finanziellen Möglichkeiten der Pilsner Juden. Im Jahre 1875 entstand daher zunächst ein provisorischer Synagogenraum neben der Alten Synagoge.

Zum 40. Thronjubiläum Kaiser Franz Josephs I., das in der cisleithanischen Reichshälfte stark beachtet wurde, legten am 2. Dezember 1888 Vertreter der Pilsner jüdischen Gemeinde den Grundstein für eine neue Synagoge. Der Plan zu dem Neubau – er sah einen Sakralbau in neugotischen Formen vor – stammte von dem Wiener Architekten Max Fleischer. Der mit ihm geschlossene Vertrag wurde allerdings bereits 1889 gelöst, da seine Pläne die finanziellen Möglichkeiten der Pilsner Gemeinde bei weitem überschritten, die ausschließlich über freiwillige Spenden aus ihrer Mitte verfügte. Daraufhin übernahm der örtliche Baumeister Emanuel Klotz die weitere Bauausführung, der an dem Plan Fleischers formale Modifikationen vornahm, ohne die Grundidee völlig zu verwerfen. Die größte Veränderung bestand in der Hinwendung zu neoromanischen und maurischen Formen.

Das Ergebnis war ein Bau der Superlative: Die Pilsner Synagoge ist mit einer Grundfläche von 36 x 30 Metern der größte jüdische Sakralbau in Böhmen und der zweitgrößte in ganz Europa nach dem jüdischen Gotteshaus in Budapest. Eine besondere Dominante im Stadtbild ist die Doppelturmfassade mit den beiden markanten Kuppeln. Im Jahre 1892 wurde eine Orgel eingebaut – ein Schritt, der die liberale Ausrichtung der Gemeinde veranschaulichte, war doch in orthodoxen jüdischen Gemeinden das Orgelspiel als Übernahme aus dem christlichen Bereich verpönt. Im Jahre 1893 war der Bau fertiggestellt und wurde am 7. September jenes Jahres feierlich eröffnet. Seit 1898 existiert ein neuer jüdischer Friedhof an der Rokycanská třída, der bis heute als Begräbnisort benutzt wird.

bauungszeit als eine der »modernsten« der gesamten Habsburger Monarchie galt, sollten vor allem Schwerverbrecher und politische Häftlinge – insgesamt bis zu 915 Personen – inhaftiert werden. Bisher hatte der Staat solche Personen vor allem in umgebauten Burganlagen und säkularisierten Klöstern eingesperrt. Eigenwillig war der architektonische Grundriss des Komplexes: Um einen Zentralbau sind sternförmig acht Flügel angeordnet, in denen sich die Haftzellen befinden. Als Vorbild diente in dieser Hinsicht das 1829 eröffnete Eastern State Penitentiary in Philadelphia (USA). Die ersten Gefangenen wurden bereits 1878 in die Haftanstalt von Bory eingeliefert. Zu den bekannten politischen Gefangenen zählten in den 1890er-Jahren 33 von insgesamt 68 verurteilten Mitgliedern der Gruppe »Omladina« um den Politiker Alois Rašín und den Dichter Stanislav Kostka Neumann, die sich für einen unabhängigen, sozial verfassten tschechischen Staat eingesetzt hatten und deshalb festgenommen worden waren. Kaiser Franz Joseph I. begnadigte die Häftlinge der »Omladina«-Gruppe 1895 persönlich, nachdem mehrere von ihnen psychisch erkrankt waren.

Im Jahre 1889 ging das Städtische Wasserwerk auf dem Homolka in Betrieb. Ein weiterer wichtiger Bau war das Heim des tschechischen Turnvereins »Sokol«, die so genannte »Sokolovna«, die nach Plänen von Josef Podhajský auf dem als »Obcizna« bezeichneten Feld errichtet und am 9. Februar 1896 mit einem Turnerfest eröffnet wurde.

Am 29. Juni 1899 ging die erste Straßenbahnlinie von Bory nach Lochotín in Betrieb. Die Stadt Pilsen hatte bereits 1892

PILSNER SPUREN IN DEN USA

»Pilsen« heißt seit den 1870er-Jahren ein Stadtteil in der Lower West Side von Chicago, Illinois. Dort ließen sich in den 1840er-Jahren zunächst deutsche und irische Einwanderer nieder, ab 1850 aber auch zahlreiche tschechische Arbeiter, insbesondere aus Westböhmen, die in den örtlichen Industriebetrieben tätig wurden. Einer von ihnen eröffnete ein Restaurant mit dem Namen »At the City of Plzeň«, von dem nach und nach das gesamte Stadtviertel seinen Namen erhielt. Zu Beginn des 20. Jahrhunderts lebten in Chicago enorm viele tschechische Auswanderer, weshalb die Stadt sogar ironisch als „drittgrößte tschechische Stadt nach Prag und Wien" tituliert wurde. Pilsen, Illinois, wurde zu einem Anlaufpunkt für neue Einwanderergruppen, vor allem aus Mittelamerika. Heute geben im US-Pilsen vor allem Mexikaner den Ton an, doch noch immer leben in der multikulturellen Atmosphäre des Stadtteils auch tschechische Traditionen fort, zu denen nicht zuletzt das Brauwesen gehört.

Eine heute etwas in Vergessenheit geratene Verwechslungskomödie, deren Hauptdarsteller ein Braumeister ist, brachte der Komponist Gustav Luders 1902 in Zusammenarbeit mit dem Librettisten Frank Pixley auf die Bühne – *The Prince of Pilsen*. Die Operette feierte 1902 ihre Premiere in Boston, 1903 am Broadway in New York und eroberte anschließend die Bühnen der Welt.

den Ingenieur František Křižík mit dem Bau beauftragt, an der Umsetzung war auch die Firma Škoda beteiligt. Der für den Betrieb erforderliche Strom wurde anfangs in einer zum Elektrizitätswerk umgebauten Zuckerfabrik mittels Dampfmaschinen gewonnen, erst später durch Wasserkraft.

An der südöstlichen Ecke des Altstadtbereichs entstand in den Jahren 1893 bis 1902 nach Plänen von Josef Škorpil das Westböhmische Museum. Den figürlichen Schmuck schuf zum Teil Celda Klouček, zu jener Zeit einer der angesehensten Bildhauer innerhalb der Habsburger Monarchie. An der Innenausstattung beteiligten sich Vojtěch Šaff und der Maler Augustín

Die Große Synagoge, entworfen von Emanuel Klotz, gebaut 1888–1893. – Aufnahme 2014

Innenansicht der Großen Synagoge. – Aufnahme 2014

Němejc, der in den Lünetten des Jubiläumssaals Szenen aus dem Pilsner Leben festhielt. Šaff schuf im Treppenhaus den Relieffries mit der Darstellung des »Mädchenkrieges« aus der tschechischen Mythologie, bei dessen Realisierung er auch bekannte Zeitgenossen verewigte. Der in mittelalterlichen Chroniken überlieferte Stoff des »Mädchenkrieges« behandelt einen sagenhaften Kampf der Geschlechter in Böhmen nach dem Tod der Fürstin Libuše; er spielte in zahlreichen künstlerischen Verarbeitungen der tschechischen nationalen Wiedergeburt im 19. Jahrhundert eine Rolle. Neben naturkundlichen, kunstgewerblichen, archäologischen und historischen Objekten ist das Museum insbesondere für seine historische Waffensammlung, eine der bedeutendsten in Europa, bekannt. Während dieser Neubau zwar den ehemaligen Klostergarten der benachbarten Franziskanermönche verbaute, war dem auf der gegenüberliegenden Altstadtecke gelegenen einstigen Dominikanerkloster ein radikaleres Schicksal beschieden: Seine Gebäude wurden 1895 abgebrochen, um in den Jahren 1899 bis 1902 dem Justizpalast mit angrenzendem Gefängnis Platz zu machen.

Bevölkerungswachstum und Arbeiterbewegung

Die starke Industrialisierung der Stadt im ausgehenden 19. Jahrhundert führte zu einer starken Zuwanderung. Hatte Pilsen 1820 noch 7570 Einwohner gezählt, so waren es 1850 bereits 10 302 und 1869 25 009. Im Jahr 1880 war Pilsen mit 38 883 Einwohnern bereits die drittgrößte Stadt in den Böhmisch-mährischen Ländern nach Prag und Brünn, 1910 rangierte sie unter den zehn größten Städten der Habsburger Monarchie. In nicht unbeträchtlicher Zahl pendelten zusätzlich Arbeiter aus der ländlichen Umgebung Pilsens täglich von ihrem Wohn- zum Arbeitsplatz.

Diese Veränderungen der sozialen Bevölkerungsstruktur schufen die Grundlage für eine stark verwurzelte Arbeiterbewegung. Eine erste Arbeitsniederlegung ist im Bürgerlichen Brauhaus bereits 1872 nachweisbar. Im darauffolgenden Jahr formierten sich zwei Arbeitervereine, der »Spolek« (Bund), der sowohl tschechische als auch deutsche Mitglieder hatte, und die »Dělnická beseda« (Arbeiterheim), die ausschließlich tschechische Arbeiter aufnahm. Erstmalig begingen die Pilsner Arbeiter 1892 eine Maifeier. Zwei Jahre später wurde mit dem umfunktionierten Gasthaus »Peklo« (Hölle) das erste Arbeitervereinshaus in Böhmen überhaupt eröffnet. Es verfügte über einen Veranstaltungssaal für Vorträge, Versammlungen, aber

**Museum der Stadt Pilsen, heute: Westböhmisches Museum. –
Ansichtskarte, gelaufen 1910**

auch Bälle. In der Zeit vor dem Ersten Weltkrieg hatten dort
mehrere Arbeitervereine und sozialdemokratische Zeitungs-
redaktionen ihren Sitz, darunter von 1902 bis 1941 auch die
renommierte Zeitschrift *Nová Doba* (Die neue Zeit). 1905 bis
1907 wurde das Gebäude um einen funktionalen Anbau erweitert, in dem bereits früh Filme vorgeführt wurden. Dort hielt
auch der Soziologieprofessor und spätere tschechoslowakische
Staatspräsident Tomáš Garrigue Masaryk mehrere Vorträge.

Zu Streiks kam es auch bei den Škoda-Werken, wo 1903
die Bauarbeiter und Gießer, 1905 die Hüttenarbeiter und 1907
die Brückenbauarbeiter die Arbeit niederlegten.

Doch nicht nur die sozialen, sondern auch die nationalen
Auseinandersetzungen zwischen Tschechen und Deutschen
verschärften sich um 1900. Die absolute Zahl der in Pilsen lebenden Menschen, die sich bei den Volkszählungen als Deutsche erklärten, blieb zwischen 1880 und 1930 mit knapp unter
7000 relativ konstant; aufgrund des starken Bevölkerungs-
wachstums und der Eingemeindungen ging allerdings der pro-

zentuale Anteil in jener Zeit von 17,8 auf 6,0 % zurück und entsprach damit dem Anteil der Prager Deutschen zur gleichen Zeit. Häufig gerieten bei Konflikten auch die Pilsner Juden zwischen die Fronten, wie etwa im August 1897, als ein Streit zwischen deutschen Burschenschaftlern und tschechischen Jugendlichen mit antisemitischen Ausschreitungen endete. Als schließlich am Hotel »Pilsner Hof«, bei der Aktienbrauerei und bei der Synagoge Scheiben eingeworfen wurden, musste das Militär einschreiten. Angesichts dieser bedrohlichen Stimmung verwundert es nicht, dass zahlreiche Juden zu überzeugten Zionisten wurden. Der 1902 gegründete Jüdische Volksverein »Zion« vereinte innerhalb kurzer Zeit über 200 Mitglieder.

Trotz mancher Krisensymptome zeichnete sich die Phase vor dem Ersten Weltkrieg allerdings durch eine intensive Bautätigkeit aus: Nach Plänen von Alois Čenský wurde 1901 an der Promenade als Veranstaltungs- und Versammlungshaus das Bürgerkasino *(Měšťanská beseda)* erbaut und reich mit Malereien und Plastiken ausgestattet. Das Gebäude umfasst Versammlungsräume für Vereine, eine Lesehalle, ein Kaffeehaus und ein Restaurant mit großem Veranstaltungssaal. Hier fanden Sitzungen von Organisationen ebenso wie Vorträge, Bälle und Konzerte statt. Zu Anfang des 20. Jahrhunderts legte das Ehepaar Vilém und Juliana Burger, die dem tschechischen Großbürgertum angehörten, im Stadtbezirk Doudlevce einen großen Garten mit Karpfenteichen an, den ihr Neffe und Nachbesitzer, der Jurist Vilém Luft, zu einem Park ausbaute, dem heute so bezeichneten und an bestimmten Tagen zugänglichen »Luft-Garten« *(Luftova zahrada)*.

Erst im Jahre 1902 erlangte Pilsen sein Renaissance-Rathaus am Marktplatz als Zentrum seiner städtischen Verwaltung wieder. Der Umzug des k. k. Kreisgerichts in den neu erbauten Justizpalast ermöglichte diese Rückgabe. Zuvor hatte eine aus Architekten und Denkmalpflegern zusammengesetzte Kommission für den Erhalt des kunsthistorisch wertvollen Gebäudes gestimmt, da alternativ auch ein Abbruch und Neubau zur Debatte gestanden hatte. Die Fassade erhielt in den Jahren 1907 bis 1912 eine neue Sgraffito-Verzierung nach Entwürfen von Jan Koula. Sie zeigt neben dem Stadtwappen die Herrscher

Václav II., Johann von Luxemburg und Rudolf II. sowie die Allegorien von Krieg, Frieden, Gerechtigkeit und Wahrheit. Auch im Innern des Gebäudes wurden damals gewisse Veränderungen vorgenommen, um es als Verwaltungsgebäude für die noch immer wachsende Stadt nutzbar zu machen. Zu den Modifikationen gehört etwa der Einbau eines Treppenhauses sowie die Verbindung zum benachbarten Haus, das in den Verwaltungsbetrieb mit einbezogen wurde.

Im Jahre 1902 wurde auch das innerhalb von drei Jahren nach Plänen von Antonín Balšánek erbaute Große Theater seiner Bestimmung übergeben. Sein Bau war ab 1899 durch Spenden aus der Bürgerschaft ermöglicht worden. Er vereint Stilelemente der Neorenaissance und der seinerzeit beliebten Sezession. Mit seiner Repräsentativität nahm das Theater Bezug auf das Prager Nationaltheater, das ebenfalls das neu erwachte Selbstbewusstsein der Tschechen zum Ausdruck brachte. An der Dekoration beteiligten sich bekannte tschechische Künstler, darunter die Bildhauer František Hergesell, Vilém Amort, Ladislav Šaloun und die Maler Josef Mandl, František Urban und František Fröhlich. Den Vorhang — *Pilsen entbietet auf der Schwelle des neuen Theaters der Kunst seine Reverenz* — gestaltete der Maler Augustin Němejc. Direktor des Großen Theaters war in den Jahren 1902 bis 1912 der Regisseur und Schauspieler Vendelín Budil, dessen künstlerischer Einfluss sich sogar bis in die Hauptstadt Prag erstreckte. Von 1912 bis 1916 wirkte hier der Dirigent Václav Talich, dessen Opernaufführungen legendär waren. Von Anfang an war das Große Theater, das 1075 Zuschauern Platz bietet, eine Mehrspartenbühne, auf der Oper, Ballett, Schauspiel und Komödie geboten wurden.

An weiteren Großprojekten sind der Bau eines neuen Krankenhauses in Bory (1902), die Anlage des Zentralfriedhofs (1902) und die Errichtung der repräsentativen Handels- und Gewerbekammer (1904–1906) am Ort des alten Theaters zu erwähnen. Aus der Freundschaft des Pilsner Architekten und Baumeisters Rudolf Štech und des Prager Künstlers Mikulás Aleš resultierten mehrere sgraffitodekorierte Fassaden in Pilsen, die häufig historische Themen veranschaulichen. Sie

Das Theater, heute: Josef-Kajetán-Tyl-Theater. – Ansichtskarte, gelaufen 1909

sind ein gutes Beispiel für die Visualisierung eines nationalen Diskurses im öffentlichen Raum. Zu den ungewöhnlichen Schöpfungen der Sezession gehören das nach Plänen von Karel Bubla 1907 errichtete Haus an der Dominikanergasse 7 oder der »Böhmische Altar« des Bildhauers Jan Kastner in der Šternberk-Kapelle der Bartholomäuskirche, der 1900 auf der Pariser Weltausstellung prämiert wurde. 1907 entstand auch der Neubau des Gasthauses »U Salzmannů« (Zu den Salzmanns) an der Prager Gasse. Das beliebte Gasthaus war 1869 von dem Bierkutscher Martin Salzmann begründet worden, der bereits ab den 1840er-Jahren Pilsner Bier nach Prag transportiert hatte, aber nach einem Arbeitsunfall diese körperlich belastende Tätigkeit einstellen musste.

Als letztes Werk der renommierten Pilsner Baufirma Rudolf Štech wurde 1908 der Hauptbahnhof in Neorenaissanceformen erbaut. Eine 36 Meter hohe Kuppel überspannt die Empfangshalle. Pilsner Bahnarbeiter gründeten 1911 übrigens den FC Viktoria Plzeň, der in seiner über 100-jährigen Geschichte zu den erfolgreichsten tschechischen Fußballclubs gerechnet wird.

Plzeň, Ústřední nádraží.

Zentralbahnhof, heute: Hauptbahnhof. – Ansichtskarte, gelaufen 1910

Am 15. April 1910 ging beim Stadtteil Bory der erste Flughafen Pilsens in Betrieb, der erste seiner Art in Böhmen. 1911/12 entstanden im Südosten der Stadt im Viertel Petrohrad nach Plänen des Architekten Anton Möller aus Warnsdorf die Kirche P. Marie Růžencové (Jungfrau Maria vom Rosenkranz) als moderne Basilika und das angrenzende Dominikanerkloster am Jiráskovo náměstí. Der Orden kehrte damit nach 124-jähriger Abwesenheit wieder nach Pilsen zurück, ehe er 1950 unter dem politischen Druck des kommunistischen Regimes erneut aufgehoben wurde. Vier Jahre zuvor war die Stadt in zwei Pfarreien eingeteilt worden, wobei den Dominikanern die Ostvorstadt zur Seelsorge übertragen worden war.

ROT UND BLAU – DER FC VICTORIA PLZEŇ

Die Gründung des Tschechischen Fußballbundes (Český fotbalový svaz) führte in Pilsen zur Gründung mehrerer Vereine, die in Konkurrenz zueinander standen. Die Spieler des 1911 gegründeten FC Victoria Plzeň, der im Laufe seiner inzwischen über 100-jährigen Geschichte mehrmals seinen Namen wechselte, aber seit 1992 wieder die alte Bezeichnung führt, traten von Anfang an in rot-blauen Vereinsfarben auf. Zunächst konzentrierte sich der Verein auf den Amateurfußball, 1929 erfolgte der Wechsel in die Profiliga. Die Spieler erzielten 1935 ein 3:3 gegen Juventus Turin. 1971/72 unterlag der Verein im Hin- und Rückspiel dem FC Bayern München beim Europapokal der Finalsieger.

Seit 1972 ist der Verein mit kurzen Ausnahmen in der ersten tschechischen Liga vertreten und wurde 2010/11 tschechischer Fußballmeister. 2011 qualifizierte sich der FC Victoria Plzeň für die UEFA Champions League. Der zweite tschechische Meistertitel folgte 2012/13, während es in der Saison 2013/14 nur zum Vizemeistertitel reichte.

Zwischen Erstem Weltkrieg und Erster Republik

Krieg, Hunger und Unruhen

Als größte Waffenschmiede der Habsburger Monarchie waren die Škoda-Werke (s. S. 60) im Ersten Weltkrieg für die österreichisch-ungarische Armee einer der zentralen Produktionsorte von Kriegsgerät. Der Betrieb lieferte zwischen 1914 und 1918 insgesamt 12 693 Kanonen aus. Bereits 1911 war von dem Konzern der Belagerungsmörser M 11 entwickelt worden. Die Waffenproduktion im Krieg wurde zum Teil durch den Einsatz von Frauen und Kriegsgefangenen aufrechterhalten, als immer mehr männliche Arbeiter zum Frontdienst eingezogen wurden. Insgesamt steigerte sich die Zahl der Arbeitskräfte bei Škoda von etwa 10 000 im Jahre 1914 bis auf etwa 35 000 im Jahre 1917.

Unterdessen kämpften die Angehörigen des in Pilsen stationierten 35. Infanterieregiments, die in der Stadt »pětatřicátnici« (»35er«) genannt wurden, zunächst an der russischen, dann ab 1916 an der italienischen und zuletzt wieder an der russischen Front. Dort musste die Einheit hohe Verluste hinnehmen.

Mitten im Krieg konnte der Historiker Ladislav Lábek im Jahre 1915 im Gerlach-Haus in Pilsen ein Volkskundemuseum einrichten und der Öffentlichkeit zugänglich machen, in dem traditionelle Alltagsgegenstände aus dem Pilsner Umland präsentiert werden. Die Museumssammlungen bauten auf einer ethnographischen Sonderausstellung auf, die bereits in den Jahren 1911 und 1912 gezeigt worden war.

Im Jahre 1917 spitzte sich die Versorgungslage der Zivilbevölkerung mit Lebensmitteln in Pilsen dramatisch zu. Ungarische Matrosen traten daher am 1. Mai in Streik. Zwischen Mai und August gingen immer wieder Zivilisten zu so genannten Hungerdemonstrationen auf die Straße. Ein schrecklicher Zwischenfall heizte die gereizte Stimmung noch weiter an: Bei einer katastrophalen Explosion in den Laborier-Werkstätten der Škoda-Munitionsfabrik in Bolevec, wo mehr als 2400 Arbeitskräfte Geschütze mit Sprengstoff füllten, kamen am 25. Mai 1917, dem Freitag vor Pfingsten, 202 Menschen ums Leben, 689 wurden zum Teil schwer verletzt. In der Zünderabteilung ereignete sich am frühen Nachmittag eine erste Explosion, auf die am selben Tag 19 weitere folgten. Eine von ihnen war so heftig, dass infolge der Druckwelle selbst in der mehrere Kilometer entfernten Innenstadt Fenster zu Bruch gingen. Eine Explosion des Pulvermagazins konnte verhindert werden, gleichwohl beeinträchtigte der Vorfall die österreichische Rüstungsproduktion erheblich. Unter der Stadtbevölkerung rief die Detonation eine große Beunruhigung hervor, zumal die österreichischen Behörden die Angelegenheit zunächst zu vertuschen versuchten und auch zur Beisetzung der Opfer am 29. Mai nur Menschen zuließen, die zuvor registriert worden waren. Am 31. Mai demonstrierten daher 3000, am 1. Juni 9000 Menschen zum Gedenken an die Verunglückten und gegen die Willkür der Behörden.

Die Kundgebungen gegen die österreichische Macht nahmen ein solches Ausmaß an, dass sich die Obrigkeiten bald nicht mehr zu helfen wussten. Am 14. August 1917 verhängte die k. k. Bezirkshauptmannschaft über Pilsen das Standrecht, das bis zum 29. August in Kraft blieb. Im Folgejahr wühlte erneut ein bestürzendes Ereignis die Gemüter auf: Am 21. Juni 1918 waren ungarische Soldaten damit beschäftigt, Brot aus einer Bäckerei in der Koterovská ulice auf einen Wagen zu laden. Hungernde Kinder baten sie vergeblich darum, ihnen etwas davon abzugeben. Als sich daraufhin einige der Kinder dennoch von dem Brot bedienten, erteilte der Offizier der Einheit den Schießbefehl. Fünf Jungen im Alter von 11 bis 14 Jahren wurden getötet. Ihre Beisetzung wurde zu einem machtvollen Aufmarsch gegen den Krieg, den Hunger, die ungerechten Bedingungen und die Habsburger Monarchie. In der gesellschaftlich erregten Atmosphäre erhielten auch sozialistische Ideen wachsenden Zuspruch; eine von linken Parteien organisierte Demonstration versammelte in Pilsen am 14. Oktober etwa 25 000 Arbeiter auf den Straßen.

In der Tschechoslowakischen Republik

Noch vor der offiziellen Kapitulation Österreich-Ungarns proklamierten Vertreter des Tschechoslowakischen Nationalausschusses am 28. Oktober 1918 in der böhmischen Hauptstadt Prag die Tschechoslowakische Republik (Československá republika, kurz: ČSR). Der Umsturz erfolgte friedlich und löste die Fremdherrschaft in den Böhmischen Ländern ab. Die Nachricht von der Staatsgründung verbreitete sich in Windeseile in der Provinz. Auch in Pilsen formierte sich ein tschechischer Nationalrat, der durch die Aufstellung einer Nationalgarde für Ordnung sorgte. Zahlreiche Bürger dekorierten ihre Häuser mit Fahnen, um ihrer Freude über das Ende des Krieges und den Beginn der staatlichen Autonomie Ausdruck zu verleihen. Zwei Tage nach der Republikgründung wurden aus dem Gefängnis Bory zahlreiche politische Häftlinge entlassen. Allerdings diente Bory auch in der Zeit der ČSR weiterhin dazu, Gegner des Staates einzusperren. Unter ihnen befanden sich etwa der spätere kommunistische Staatspräsident Antonín Zapotocký, der nach einem linken Putschversuch 1920/21 in Haft geriet, später aber auch sudetendeutsche Nationalsozialisten, die ihrerseits die ČSR infrage gestellt hatten.

Das Amt des Bürgermeisters bekleidete in Pilsen von 1919 bis 1938 der Sozialdemokrat Luděk Pik, der zugleich Abgeordneter in der tschechoslowakischen Nationalversammlung war. Pik realisierte eine Reihe von Reformen und förderte die Entwicklung Pilsens zu einer modernen Großstadt. In der Zeit nach dem Ersten Weltkrieg tendierte man in vielen Ländern dazu, durch Gebietsreformen große städtische Zentren zu schaffen, und auch Pilsen machte in dieser Hinsicht keine Ausnahme: Durch die Eingemeindung von Doubravka, Doudlevce, Lobzy und Skvrňany entstand im Jahre 1924 Groß-Pilsen (Velká Plzeň), das nunmehr 108 023 Einwohner zählte.

Mithilfe des Neuen Bauens wollte sich die demokratische ČSR in den 1920er- und 1930er-Jahren auch äußerlich vom bisherigen System absetzen. Einer der prägenden Architekten jener Zeit in Pilsen war Hanuš Zápal, städtischer Oberbaukommissar und später technischer Rat der Stadt. Er entwarf zum

Beispiel 1922 die Masaryk-Schule am Jiráskovo náměstí in Petrohrad, das Denkmal für die 1918 erschossenen Kinder auf dem Zentralfriedhof (1923) und die Wirtschaftshochschule in Lochotín (1932). Auf seine Planungen ging unter anderem 1924 der so genannte Wolkenkratzer (Mrakodrap) zurück. Er wurde volkstümlich auch »U Trojdohody« (Zum Dreibund) genannt, da in dem aus drei Einzelgebäuden bestehenden Komplex die drei tonangebenden politischen Kräfte der Stadt – die Sozialisten, die Sozialdemokraten und die Nationaldemokraten – ihre Parteizentralen unterhielten. Von Západ stammen ferner die Entwürfe für das Gymnasium im Stadtteil Doubravka (1930–1932) und die Taubstummenanstalt (1931).

Dem reinen Funktionalismus sah sich der Architekt Bohumil Chvojka verpflichtet, der an der Baugewerbeschule in Pilsen unterrichtete. Von ihm stammen etwa die Jan-Hus-Kirche der Evangelischen Kirche der Böhmischen Brüder (1924–1926), das Gebäude der Bezirkskrankenkasse (1928), das Studentenheim am Denisovo nábřeží (1930) und mehrere Privathäuser. Wichtige Bauten der klassischen Moderne waren in Pilsen ferner das nach Plänen von Jaroslav Rösler und Jan Feigl 1924 bis 1926 erbaute Masaryk-Realgymnasium, das vom Tschechischen Wanderclub (Klub Českých turistů) errichtete Ausflugsrestaurant mit Aussichtsturm auf dem Chlum (1925), die Methodistenkirche (Bethlehemskapelle, 1927) nach einem Entwurf von Josef Blecha, das Verwaltungsgebäude der staatlichen Behörden (1927) mit plastischem Schmuck von Jaroslav Hruška, das Kino »Elektra« (1932) von Rudolf Černý und schließlich die Koranda-Kirche der Böhmischen Brüder (1934–1936) nach Plänen von Jaroslav Fišer.

Zum zehnten Jahrestag der ČSR wurde am 28. Oktober 1928 auf dem náměstí dra. V. Petáka das Denkmal für die nationale Befreiung aufgestellt. Es zeigt auf einem Sockel die Gestalt des Staatspräsidenten Tomáš G. Masaryk, daneben die allegorische Darstellung einer Familie, die das Volk symbolisieren sollte.

Zu den Höhepunkten der modernen Innenarchitektur in Pilsen rechnet man einige Wohnungseinrichtungen, die von dem Wiener Architekten Adolf Loos entworfen wurden. Diese exquisiten Ausstattungen befinden sich in Häusern an der

83

SPEJBL & HURVÍNEK

In aller Welt schätzen Jung und Alt die Marionetten des etwas oberlehrerhaften Josef Spejbl und seines einfältigen Sohnes Hurvínek, beide mit weit abstehenden Ohren. Spejbl trägt einen dunklen Anzug mit weitem Hemdkragen und dazu Holzpantoffeln. Er versucht seinem Sohn stets die Welt zu erklären, doch der bringt durch sein Fragen die allzu große Selbstsicherheit des Vaters ins Wanken. Und eigentlich verbringt Hurvínek seine Zeit am liebsten mit seiner Freundin Mánič_ka und deren Hund Zeryk …

Erfunden und entworfen hat die Figuren der Pilsner Puppenspieler Josef Skupa – 1919 zuerst Spejbl, 1926 Hurvínek und schließlich 1930 auch Mánič_ka und Zeryk. Die Figuren vereinen Elemente des traditionellen tschechischen Puppenspiels mit modernen Theaterformen und dadaistischen bzw. surrealistischen Ideen. Skupa, der in einem Amateurensemble debütiert hatte, gründete 1930 mit seiner Frau Jiřina in Pilsen das professionelle »Divadlo Spejbla a Hurvínka« (Spejbl-und-Hurvínek-Theater), bei dem auch der damals junge Pilsner Künstler Jiří Trnka als Bühnenbildner mitwirkte, der sich später vor allem als Illustrator und Regisseur einen Namen machte. Das Theater existierte bis zur seiner Auflösung durch die Gestapo im Jahre 1944. Skupa selbst wurde im Gestapo-Gefängnis Dresden inhaftiert, konnte aber nach dem großen Luftangriff aus Dresden fliehen und begründete sein Theater 1945 in Prag neu.

Klatovská třída 12 (1929) und 19 (1931–1932), der Bendova ulice 10 (1930–1931) sowie der Husova ulice (1931–1932). Auch die Pläne für den Umbau eines Wohnhauses und der Entwurf zu einem Pilsner Privathaus stammten von Loos.

Zahlreiche Wissenschaftler oder Künstler aus Pilsen, die in der Zwischenkriegszeit bekannt wurden, zog es eher nach Prag, nach Wien oder andere Orte. Zu nennen wären neben vielen anderen der Historiker und Diplomat Kamil Krofta, der Ökonom und Soziologe Emil Lederer, der im New Yorker Exil starb, der Soziologe Eugen Lemberg, ein später einflussreicher Repräsentant der sudetendeutschen völkischen Ostforschung, oder der Schriftsteller Oskar Baum, der zum »Prager Kreis« gehörte. Auch die Komponisten Václav Trojan und Emil František

Jiřina Skupová und Josef Skupa mit den Marionetten von Spejbl und Hurvínek. – Aufnahme eines unbekannten Fotografen vom 30. November 1928

Burian, Letzterer einer der wichtigsten Vertreter des tschechischen Avantgardetheaters, benötigten die Prager Bühnen, um sich künstlerisch zu entfalten. Ein weiterer gebürtiger Pilsner war Josef Beran, der nach seiner Priesterausbildung die Jahre 1942 bis 1945 in deutschen Gefängnissen und Konzentrationslagern zubrachte und 1946 zum Prager Erzbischof ernannt wurde. Die Kommunisten stellten ihn 1949 bis 1963 unter Hausarrest, ehe er 1965 nach Rom ausreisen durfte. Aus Pilsen stammte auch der weltweit renommierte Bühnenbildner, Typograf, Gebrauchsgrafiker und Designer Ladislav Sutnar. Er studierte zunächst in Prag und weilte 1939 in New York, als seine Heimat von deutschen Truppen besetzt wurde. Damals beschloss Sutnar, in den USA zu bleiben, wo er zu einem der wichtigsten Protagonisten amerikanischen Designs aufstieg.

Der kulturelle Aufschwung in Pilsen während der Zwischenkriegsjahre beruhte auf einer anhaltend intensiven wirtschaftlichen Tätigkeit, die die dafür nötigen materiellen Grundlagen schuf. Nach dem Ersten Weltkrieg investierte ein französisches Industriekonsortium, die Union Européenne Industrielle et Financière, stark in die Škoda-Werke. Dort waren damals etwa 13 000 Arbeiter beschäftigt. Seit 1923 ist das Warenzeichen der Firma, ein Pfeil mit drei stilisierten Federn, amtlich geschützt.

In der Zwischenkriegszeit bot der Aufschwung des Personenverkehrs ein wichtiges Betätigungsfeld. Diese Entwicklung begann 1920 mit dem Bau von Dampflokomotiven des Typs 1Lo. Ab 1928 produzierte Škoda die erste E-Lokomotive (1ELo) für die Tschechoslowakische Eisenbahn, ab 1936 kamen Trolleybusse (1Tr) für den städtischen Personennahverkehr hinzu. Als lukrativ erwies sich auch der Ankauf der Autofabrik Laurin & Klement in Mladá Boleslav im Jahre 1925.

Eine Konzentration zeichnete sich darüber hinaus in der Lebensmittelindustrie ab: In den Jahren 1926 bis 1933 fusionierten mehrere Brauereien, aus denen 1933 die Plzeňské akciové pivovary (Pilsner Aktienbrauereien) hervorgingen. So war etwa die Světovar-Brauerei stark vom Export ihres Bieres in die USA abhängig und hatte in der Zeit der Prohibition in den Vereinigten Staaten (1920–1933) starke geschäftliche Einbußen hinnehmen müssen.

Das reichhaltige Schaffen der kulturellen Avantgarde in den 1920er- und 1930er-Jahren darf nicht darüber hinwegtäuschen, dass auch Pilsen von den Folgen der Weltwirtschaftskrise ab 1929 stark betroffen war. Bald waren in der Stadt 15 000 Arbeitslose registriert, die ein gewichtiges soziales Problem darstellten.

Im Zweiten Weltkrieg – Besetzung, Verfolgung und Zerstörung

Protektorat Böhmen und Mähren

Bereits im Zeichen krisenhafter Symptome fand vom 25. Juni bis 11. September 1938 auf dem Ausstellungsgelände eine Jubiläumsausstellung (Jubilejní výstava) zum 20-jährigen Bestehen der ČSR statt. Kurz darauf machte das Münchner Abkommen vom 30. September 1938, mit dem die ČSR unter Zustimmung Großbritanniens, Frankreichs und Italiens gezwungen wurde, seine Randgebiete an das Deutsche Reich abzutreten, Pilsen zu einer Grenzstadt. Denn die angrenzende Gemeinde Litice lag bereits auf dem Gebiet des Deutschen Reiches. Im verbleibenden Staat begann unter der neu gebildeten Partei der nationalen Einheit eine autoritative Entwicklung, unter deren Druck auch der langjährige Pilsner Bürgermeister Luděk Pik zurücktreten musste.

Entgegen seinen Ankündigungen besetzte das Deutsche Reich im März 1939 auch den Rest der Tschechoslowakei und errichtete, nachdem die Slowakei sich am 14. März für selbstständig erklärt hatte, am 15. März das »Protektorat Böhmen und Mähren«. Nach Pilsen waren deutsche Verbände von Westen und von Norden her einmarschiert, die im Hotel Slovan ein Militärkommando errichteten. Die Stadt wurde Sitz eines Oberlandrats, aber auch mehrerer Behörden des Militärs sowie von SA, SS, SD und Gestapo. Die neuen Behörden verhängten zahlreiche Restriktionen und unterdrückten die tschechische Zivilbevölkerung. Die Gestapo hatte ihre Dienststelle anfangs an der Klatovská třída 14, später in einem Bürogebäude an der Radbusa. Beide Adressen waren aufgrund der dort geführten Verhöre, häufig unter brutaler Folter, berüchtigt. Eine Splittergruppe tschechischer Faschisten der Organisation »Vlajka« (Fahne) denunzierte unterdessen sowohl politisch missliebige Personen als auch Juden in Pilsen.

Schon im April 1939 kam es zu einem Vorfall in Pilsen, als es der deutschen Polizei nicht gelang, einen Einzeltäter zu verhaften, der Säureattentate auf deutsche Soldaten durchgeführt hatte. Als Sühneaktion wurden 150 Juden und 150 »Marxisten« in der Stadt willkürlich verhaftet. Das Deutsche wurde als zweite Amtssprache eingeführt. Zugleich wurde versucht, durch Propagandaaktionen um Sympathien zu werben. Dies galt etwa für die Arbeiter der Škoda-Werke, die ausnahmslos in den Dienst der deutschen Rüstungsproduktion gestellt wurden. Interne Berichte des NS-Regimes und ausländische Journalisten registrierten jedoch übereinstimmend im Sommer 1941 eine stark gesunkene Produktivität – das verringerte Arbeitstempo vieler tschechischer Arbeiter war eine Form des passiven Widerstands.

Terror und Widerstand

1940 kam der Egerländer Karl Wild als »rechtskundiger Bürgermeister« und Stadtkämmerer nach Pilsen. Nach dem Amtsantritt des stellvertretenden Reichsprotektors Reinhard Heydrich in Prag am 28. September 1941 wurde das Standrecht über Böhmen und Mähren verhängt. Auch in Pilsen und Umgebung wurden mehrere Tausend Menschen festgenommen, während das Besatzungsregime gleichzeitig eine Beschwichtigungspolitik gegenüber der Bevölkerung betrieb.

Heydrichs rücksichtslose Willkürherrschaft veranlasste den einheimischen militärischen Widerstand zu einem verzweifelten Plan: Mit Unterstützung der tschechoslowakischen Militärregierung in London wurden Fallschirmspringer über Böhmen abgesetzt, die den »Schlächter von Prag« beseitigen sollten. Unter ihnen waren die Soldaten Jozef Gabčík und Jan Kubiš, die zunächst bei der Familie Stehlík in Rokycany, unweit von Pilsen, Unterschlupf fanden, ehe sie anschließend nach Pilsen und von dort aus nach Prag weiterzogen. Dort verübten sie am 27. Mai 1942 einen Anschlag mit einer Handgranate auf den im offenen Wagen fahrenden Heydrich, an dessen Folgen der NS-Politiker eine Woche später starb. Das Attentat hatte erneute Repressionen und das nochmalige Standrecht zur Folge; an der Schießstätte Pilsen-Lobzy und am Steinbruch von Vejprovice wurden Ende Mai und im Juni 1942 politische Häftlinge von der Gestapo erschossen. Die ersten Opfer waren die fünf Mitglieder der Familie Stehlík, deren konspirative Hilfe für die Attentäter der Gestapo durch einen unglücklichen Zufall bekannt geworden war. Sie wurden am 28. Mai 1942 exekutiert. Unter den weiteren Hingerichteten befand sich der Pilsner Eisenbahnarbeiter Rudolf Šváb, der sein Leben wegen einer unvorsichtigen Äußerung in einem Zug verlor. Mitarbeiter des Sicherheitsdienstes (SD) hatten ihn verhaftet und nach Prag vor ein Gericht gebracht, das ihn zum Tode verurteilte. Die Hinrichtung wurde in Pilsen vollstreckt.

Am 22. Juni 1943 verließ Pilsen ein Transport mit 510 politischen Häftlingen in Richtung KZ Buchenwald. Doch Pilsen war eines der aktivsten Zentren des tschechischen Widerstands gegen die deutsche Besatzungsherrschaft. 1943 gelangten zahlreiche Pilsner Kommunisten in Gewahrsam der Gestapo, nachdem diese ein Kassenbuch der illegalen Parteiorganisation in die Hände bekommen hatte. Ein schwerer Schlag gegen den bürgerlichen Untergrund war am 23. Juni 1944 die Festnahme des einstigen Pilsner Polizeichefs Josef Majner, eines führenden Widerstandskämpfers.

Germanisierungspolitik und Holocaust

Pilsen sollte langfristig germanisiert werden. Diesem Ziel dienten die Einführung einer neuen Magistratsverfassung im Jahre 1942, die Förderung des Deutschen Theaters, der gezielte Wohnungsbau für deutsche Neuansiedler sowie die Abberufung des bisherigen tschechischen Regierungskommissars am 26. September 1941, der durch den Karlsbader Walter Sturm ersetzt wurde. Ferner wurden zahlreiche Straßen und Örtlichkeiten umbenannt – der Park in Lochotín wurde beispielsweise zum »Deutschen Volksgarten«. 1942 kamen die Gemeinden Bolevec, Božkov, Bukovec, Černice, Hradiště, Koterov, Radobyčice und Újezd zum Stadtgebiet hinzu.

AUS DEM TAGEBUCH DER VĚRA KOHNOVÁ

Věra Kohnová wurde 1929 in Pilsen geboren. Mit ihrer Familie wurde sie im Januar 1942 nach Theresienstadt, von dort aus im März 1942 weiter nach Izbica im besetzten Polen deportiert, wo die gesamte Familie ermordet wurde. In ihrem überlieferten Tagebuch hielt sie die letzten Tage in Pilsen fest:

13. Januar

Morgens um halb neun ging ich zu den Epsteins. Sie waren bereits alle da: Emil, Oli und Dolfi. Emil schenkte mir sein Foto. Von Alis und Oli hatte ich bereits am Vorabend Fotos bekommen. Ich werde sie mitnehmen. Kurz danach gingen wir alle zur Sokolovna. Ich habe dabei geholfen, einen Koffer zu tragen. Jeder hat seine Nummer, eine steht auf dem Koffer, die andere muss an die Kleidung angenäht sein. Es war ein trauriger Weg. Für Alis vielleicht zum letzten Mal. Bei der Sokolovna mussten wir Abschied nehmen. Alis und Oli weinten. Ich konnte mich nur mit Mühe beherrschen. Ich gab Alis einen Kuss. Ob ich sie jemals wiedersehen werde? Zu Hause gibt es jetzt schrecklich viel Arbeit. Ich muss helfen.

15. Januar

Der Sonntag rückt leider näher. Bei uns ist es immer traurig. Wir müssen alle packen. Gestern musste ich mir die Haare schneiden lassen. Ich hatte sehr lange Haare (…), jetzt habe ich kurze. Auch habe ich mich gestern fotografieren lassen. Morgen werden die Bilder fertig sein.

Mein Gott, ich bin schon am Ende meines Tagebuchs angelangt. Ich kann ohnehin nicht mehr viel schreiben. Ich bin nur noch morgen und übermorgen da, und wer weiß, was dann geschieht. Heute ging bereits der erste Transport von der Sokolovna ab. Übermorgen nehmen wir seinen Platz ein. Wie du mir fehlen wirst, mein Tagebuch! Ich hätte mir nicht vorstellen können, als ich im August nach den Prüfungen angefangen habe, meine Erlebnisse aufzuschreiben, dass ich so traurig aufhören werde. Ich habe zwar in diesem halben Jahr nicht viel Schönes erlebt, aber wie gerne würde ich es dabei belassen. Lebe wohl, mein Tagebuch! Lebe wohl!

Mit größter Härte traf das Besatzungsregime die Pilsner Juden: Ende September 1939 traten die »Nürnberger Gesetze« auch im Protektorat Böhmen und Mähren in Kraft. Schritt für Schritt folgten darauf die Enteignung der Juden sowie deren Ausschluss aus der Gesellschaft. Die Einführung des gelben Sterns 1941 war nur ein Vorspiel für die bald folgende Deportation und systematische Ermordung.

Ab dem 9. Januar 1942 wurden 2064 Juden aus Pilsen und 540 aus dem Umland bei kalten Wintertemperaturen auf dem zu einem Sammellager umfunktionierten Gelände der Sokolovna zusammengepfercht. Dort mussten sie ihre Wohnungsschlüssel abgeben und zulassen, dass ihr Eigentum dem Deutschen Reich anheimfiel. In drei Transporten, die in der Verwaltungssprache des NS-Regimes mit den Buchstaben »R«, »S« und »T« bezeichnet wurden, mussten diese Menschen zunächst in Viererreihen zum Hauptbahnhof marschieren. Von dort aus brachten sie Züge zum Bahnhof Bohušovice nad Ohří, von wo aus sie einen Fußmarsch zum Lager Theresienstadt antreten mussten.

Ab dem März begannen von dort aus Weitertransporte in Ghettos und Lager im von Deutschland besetzten östlichen Europa, in Polen, Belarus und Estland. Von den insgesamt 2604 Deportierten überlebten bei Ende des Zweiten Weltkriegs gerade einmal 204 Menschen. Die Große Synagoge entging unterdessen der Zerstörungswut der Nationalsozialisten; sie wurde als Verkaufsraum für konfiszierte Gegenstände aus dem Besitz von deportierten Juden missbraucht, später als Produktionsstätte für deutsche Uniformen.

Aufstand und Befreiung

Bei elf Luftangriffen der Alliierten, mit denen die Pilsner Rüstungsproduktion geschwächt werden sollte, wurden in den Jahren 1942 bis 1945 insgesamt 6777 Häuser und sieben Zehntel der Fabriken zerstört. Einer der schwersten Angriffe in den Morgenstunden des 17. April 1945 betraf vor allem den Hauptbahnhof und das Bahnhofsviertel sowie das Schlachthofviertel und den Stadtteil Doubravka. Ein weiterer Fliegerangriff galt am 25. April den Pilsner Škoda-Werken, die erheblich beschädigt wurden. Im Zusammenhang mit diesen Bombardierungen verloren 926 Zivilisten ihr Leben.

Ähnlich wie in Prag brach in den Morgenstunden des 5. Mai 1945 ein Aufstand der Pilsner Bevölkerung gegen die deutsche nationalsozialistische Besatzungsherrschaft los. Überall in der Stadt wurden tschechoslowakische Fahnen gehisst, die Menschen versammelten sich zu spontanen Demonstrationen, stimmten die tschechische Nationalhymne an und beseitigten deutsche Aufschriften, insbesondere solche, die mit der NS-Herrschaft in Zusammenhang standen. In der Stadt konstituierte sich ein tschechischer revolutionärer Nationalausschuss (Revoluční národní výbor) unter der Leitung des Widerstandskämpfers Jindřich Krejčík, der provisorisch die Kontrolle über die öffentliche Sicherheit übernahm. Um 10:15 Uhr wehte bereits vom Pilsner Rathaus die tschechoslowakische Fahne, nachdem zuvor der NS-Politiker Walter Sturm von Aufständischen festgenommen worden war. Wenige Minuten später wurde die tschechoslowakische Fahne auch auf dem Turm der Bartholomäuskirche gehisst. Die Lage in der Stadt war immer noch sehr angespannt. Drei Škoda-Arbeiter hatten sich eines Panzers des Fabrikwerkschutzes bemächtigt und waren mit diesem zur Unterstützung des Aufstandes in die Innenstadt gefahren. Dort verloren sie ihr Leben, als der Panzer in der Nerudova ulice von einer deutschen Panzerfaust getroffen wurde. Mehrere Passanten fielen Scharfschützen der noch immer in Pilsen aktiven Gestapo zum Opfer.

Andere Aufständische bemächtigten sich des Pilsner Radiosenders, mussten aber mit der Führung der noch immer massiv präsenten deutschen Militäreinheiten unter Georg von Majewski Verhandlungen führen. Ein Waffenstillstand wurde erst kurz vor 6 Uhr morgens am 6. Mai 1945 geschlossen. Zweieinhalb Stunden später rückten von den Aufständischen sehnlich erwartete gepanzerte Einheiten der US-Armee unter General George S. Patton, Jr. in die Stadt ein. Die rasch nach Bayern vorgedrungenen US-Einheiten hatten am 18. April die ehemalige tschechoslowakische Grenze überschritten und mit der Füh-

Amerikanische Soldaten und ein tschechischer Aufständischer vor einem
Panzer bei der Befreiung Pilsens. – Aufnahme vom 6. Mai 1945

rung der von Osten heranrückenden Roten Armee die Linie
Karlsbad–Pilsen–Budweis als Demarkationslinie festgelegt.

Die amerikanischen Soldaten befreiten Pilsen von der
Fremdherrschaft. Funktionäre von NS-Behörden und Kriegs-
verbrecher wurden festgenommen und in Pilsen-Bory inhaftiert, wo zuvor Häftlinge der NS-Diktatur befreit worden waren. Dorthin kamen auch Angehörige der Protektoratsregierung,
die mit den Okkupanten kollaboriert hatten. Von 1948 bis zu
seiner Auslieferung an die Bundesrepublik Deutschland im
Jahre 1961 saß in Bory auch General Rudolf Toussaint ein, der
für das Massaker von Lidice und weitere Kriegsverbrechen eine
Mitverantwortung trug. In dem 20 Kilometer von Prag entfernten Dorf Lidice waren am 9. Juni 1942 als Vergeltungsak-
tion für das Attentat auf Reinhard Heydrich (vgl. S. 88) alle
männlichen Einwohner im Alter von über 15 Jahren erschos-

sen, Frauen und Kinder in Konzentrationslager eingeliefert und das Dorf selbst dem Erdboden gleichgemacht worden. Lidice war in der ganzen Welt zu einem Synonym für nationalsozialistischen Terror geworden.

Im Mai 1945 setzte eine Phase ungeregelter Vertreibungen vieler in Pilsen lebender Deutscher ein, auf die nach den Potsdamer Beschlüssen von Anfang August 1945 systematische Ausweisungen folgten. In den Jahren nach 1945 verlor Pilsen etwa 20 000 Einwohner – neben den alteingesessenen Deutschen waren in dieser Zahl auch deutsche Besatzungssoldaten und -beamte enthalten, aber auch Tschechen, die dem Ruf zum »Neuaufbau der Grenzgebiete« folgten. Unter diesem Motto bezogen zahlreiche Bewohner Zentralböhmens die Randgebiete, aus denen zuvor die dort lebenden Deutschen vertrieben worden waren. Unter diesen tschechischen Neusiedlern im Grenzgebiet waren vor allem Angehörige der mittleren und der jüngeren Generation.

Zugleich begannen in Pilsen der Wiederaufbau zerstörter Stadtviertel und die Neuerrichtung von Kultur- und Bildungsinstitutionen. Bald nach der Befreiung ließ sich 1945 die Medizinische Fakultät der Prager Karlsuniversität in Pilsen nieder; 1948 folgte eine Pädagogische Fakultät zur Ausbildung von Lehrkräften. Die Hochschullandschaft vervollständigte 1949 noch eine Hochschule für Maschinenbau und Elektrotechnik, die den örtlichen Industriebetrieben qualifizierten Nachwuchs beschaffen sollte. Eine nachhaltige kulturelle Maßnahme war 1948 die Gründung des Westböhmischen Museums durch die Zusammenlegung des Historischen Stadtmuseums, des Westböhmischen Kunsthistorischen Museums und des Volkskundemuseums. 1950 wurde im einstigen Dominikanerinnenkloster/Gymnasium die Staatliche Wissenschaftliche Bibliothek (seit 2001: Studien- und Wissenschaftliche Bibliothek) eingerichtet, die eine bedeutende Sammlung früher Drucke besitzt. 1953 wurde als Sammlung für bildende Kunst die Bezirksgalerie (seit 1960: Westböhmische Galerie) geschaffen. Im Jahre 1959 wurde die Vielfalt der Pilsner Museen noch um das populäre Brauereimuseum bereichert, das bereits in den 1920er-Jahren konzipiert worden war.

Zwischen Diktatur und Demokratie

Kommunistischer Terror und Planwirtschaft

Ende Februar 1948 übernahm die Kommunistische Partei durch einen Putsch die Alleinherrschaft in der Tschechoslowakei. Nach dem unter Protest erfolgten Rücktritt der nichtkommunistischen Kabinettsmitglieder, die Neuwahlen durchzusetzen hofften, wurde von Staatspräsident Edvard Beneš die Vereidigung einer ausschließlich aus KP-Mitgliedern gebildeten Regierung erzwungen. Die Kommunistische Partei strebte danach, alle Lebensbereiche unter ihre Kontrolle zu bekommen. Systematisch schaltete sie Repräsentanten der alten bürgerlichen Eliten aus, die sie in Schauprozessen diskreditierte. Damit setzte eine Verfolgungs- und Terrorwelle ein. Bei den Feiern zum dritten Jahrestag des Kriegsendes in Pilsen im Mai 1948 wurde bereits von offizieller Seite die Rolle der US-Armee im Mai 1945 geleugnet. Allerdings protestierten Schüler mit amerikanischen Fahnen öffentlich gegen diese Geschichtsklitterung. Vertreter der Kommunistischen Partei verglichen daraufhin die US-Fahne mit der Hakenkreuzfahne.

Unter den Bedingungen der Diktatur spitzte sich die gesellschaftliche Situation zu. Politische Gegner – vor allem Vertreter des Militärs, der bürgerlichen Parteien und des kulturellen Lebens – wurden im Gefängnis von Bory eingesperrt. Im Hof der Strafanstalt wurde am 21. Juni 1949 Divisionsgeneral Heliodor Píka, einer der Anführer des tschechoslowakischen Auslandswiderstands während des Zweiten Weltkriegs, exekutiert. Er war im Mai 1948 unter dem falschen Verdacht des Landesverrats festgenommen und in einem politischen Schauprozess zum Tode verurteilt worden. Andere politische Häftlinge mussten Zwangsarbeit in Industriebetrieben leisten und Folter über sich ergehen lassen.

Im Jahre 1950 zwangen die Behörden die katholischen Orden in Pilsen – Dominikaner, Franziskaner, Redemptoristen und Schwestern von Notre-Dame – zur Aufgabe ihrer Niederlassungen. Die Ordensangehörigen wurden in Sammelklöster zwangsumgesiedelt, Lager unter kommunistischer Aufsicht. Auch die bisherige Gefängniskapelle in Bory verlor 1950 ihre ursprüngliche Funktion und wurde in eine Turnhalle umgewandelt.

Die neuen Machthaber führten in der Tschechoslowakei ab 1948 einen Umbau von Staat und Wirtschaft nach sowjetischem Muster durch. Die bisherigen Škoda-Werke wurden verstaatlicht und in Lenin-Werke (Závody Vladimíra Iljiče Lenina) umbenannt. Die Politik setzte einseitig auf den Ausbau der Schwerindustrie und vernachlässigte dabei den in Böhmen traditionell ausgeprägten Mittelstand und die Kleinindustrie. Durch Planvorgaben zerstörte sie die Marktwirtschaft und provozierte eine Wirtschaftskrise.

Ein Aufbegehren gegen das kommunistische Regime

Am 1. Juni 1953 demonstrierten in Pilsen Tausende Menschen gegen eine am Vortag von der Kommunistischen Partei angekündigte Währungsreform. Entsprechende Gerüchte hatten bereits am 18./19. April 1953 zu einem Ausverkauf vieler Geschäfte geführt. Die unpopuläre Maßnahme machte mit einem Schlag einen Großteil der privaten Ersparnisse und Versicherungen zunichte. Zudem sah sie massive Preissteigerungen auf Waren des Grundbedarfs vor. Die Arbeiter aus der Frühschicht der Lenin-Werke streikten am 1. Juni und zogen ins Stadtzentrum. Ihnen schlossen sich nicht nur Arbeiter aus anderen Betrieben, sondern auch zahlreiche Studierende an. Viele Kommunisten zeigten sich ebenfalls ernüchtert von der Regierungspolitik. Als zwei Unterhändler der Demonstranten im Rathaus festgehalten wurden, stürmte die Menge den Sitz der Stadtverwaltung. Sie demolierte Symbole der kommunistischen Macht, etwa Büsten Josef Stalins und des tschechoslowakischen Diktators Klement Gottwald, und ersetzte sie durch Bilder des früheren Staatpräsidenten Edvard Beneš. Nach der Erstürmung des Gerichtsgebäudes vernichteten Demonstranten politische Akten, während ihnen die Befreiung politischer Häftlinge aus dem Gefängnis Bory misslang. Dafür verbrannten sie riesige Propagandatransparente entlang der Straßen.

Bis zum Nachmittag hatten die Kundgebungsteilnehmer beinahe die gesamte Stadt unter ihre Kontrolle gebracht. Das Regime mobilisierte 8000 Polizeibeamte aus Prag und aus den Grenzpolizeistationen, um das Aufbegehren zu unterdrücken. Die Hoffnungen der Demonstranten, der Aufstand könne auf das gesamte Land übergreifen, erfüllten sich nicht, obwohl es in den folgenden Tagen an 130 weiteren Orten der Tschechoslowakei zu lokalen Streiks und Kundgebungen kam. Als Reaktion auf die Pilsner Streiks ließen Sicherheitsbeamte am Denkmal der nationalen Befreiung von 1928 die große Masaryk-Statue zertrümmern und einschmelzen.

Bei den Zusammenstößen in Pilsen wurden auf Seiten der Demonstranten etwa 200, auf Seiten der Staatsorgane 48 Beamte verletzt. Der Volksaufstand hatte Verfolgungen, Säuberungen und Repressionen zur Folge. Von 650 Inhaftierten wurden 331 zwischen dem 13. und dem 22. Juni 1953 in politischen Prozessen vor dem Volksgerichtshof verurteilt, andere verloren ohne Gerichtsverfahren ihre Arbeit oder ihre Wohnung. Die Kommunistische Partei »säuberte« sich von »sozialdemokratischem Denken«, während gleichzeitig die offizielle Propaganda das Aufbegehren als das Ergebnis einer »Provokation imperialistischer Agenten« darlegte.

Der »Pilsner Aufstand« war das erste Ereignis einer Protestwelle gegen die kommunistischen Regime des »Ostblocks«, die sich am 17. Juni 1953 in der DDR und 1956 in Ungarn und Polen fortsetzen sollte. In manchen Bereichen zwangen die Pilsner Proteste das Regime zu Zugeständnissen, deren Auswirkungen langfristig sogar dessen Akzeptanz in der Bevölkerung stärkten.

Stadtausbau im Staatssozialismus

Zu den in den Augen der Zeitgenossen populären Maßnahmen zählte etwa die Schaffung von Wohnraum für Zehntausende Menschen an der Peripherie des bisherigen Stadtgebiets. Seit

Die Plattenbausiedlung Košutka (Severní předměstí) im Bau. –
Aufnahme von Jiří Vlach, 15. Februar 1982

1957 wurden in den Außenbezirken Pilsens Plattenbausiedlun-
gen angelegt. Auf diese Weise entstanden nach und nach die
Siedlungen Slovany bzw. Východní Předměstí (Ostvorstadt,
1957–1963), Doubravka (1961–1967), Bory oder Jižní Předměstí (Südvorstadt, 1966–1972), Skrvňany (1968–1976) und
Severní Předměstí (Nordvorstadt), bestehend aus den Stadtteilen
Lochotín (1974–1980), Bolevec (1975–1982), Košutka (1984)
und Vinice (1989–1992). Diese Siedlungen legten sich wie ein
Ring um die bisherige Stadt, sind mit öffentlichen Verkehrsmit-
teln an das Stadtzentrum angebunden und jeweils mit Schulen,
Freizeitmöglichkeiten und Einkaufsangeboten ausgestattet.

Das Weichbild der Stadt veränderte sich damit seit den
1960er-Jahren dramatisch. Die historische Innenstadt Pilsens

und die älteren Außenbezirke verfielen unterdessen zusehends. Der Stadtkern gehörte in den 1980er-Jahren zu den stark vernachlässigten urbanen Zentren der ČSSR. Zusätzlich beeinträchtigten das Erscheinungsbild der Stadtmitte und deren Lebendigkeit ein großes Einkaufszentrum sowie ein 1969 errichteter, 16 Etagen hoher Büroturm am Ufer der Radbusa.

Besetzt und unterdrückt

Ende August 1968 besetzten Truppen des Warschauer Paktes, des unter der Führung der UdSSR 1955 begründeten militärischen Bündnissystems der kommunistischen Staaten im östlichen Europa, die ČSSR. Dort träumten seit dem Frühjahr 1968 Reformkommunisten um den charismatischen slowakischen Politiker Alexander Dubček von einem »Sozialismus mit menschlichem Antlitz«. Allerdings sollte die Führungsrolle der Kommunisten in Staat und Gesellschaft nicht grundsätzlich infrage gestellt werden, während sich aus der Sicht Moskaus die von der tschechoslowakischen Parteiführung eingeleiteten Liberalisierungsmaßnahmen unter dem Druck der Öffentlichkeit zu verselbständigen drohten. Am 21. August erreichten die Warschauer-Pakt-Truppen auch das Stadtgebiet von Pilsen, vor dem Rathaus und weiteren öffentlichen Gebäuden positionierten sich Panzer. Viele der einfachen Soldaten aus der UdSSR waren über den genauen Zweck ihres Einsatzes vorab gar nicht informiert worden und wurden nun von der Pilsner Bevölkerung in Diskussionen verwickelt. Wie andernorts bekundeten auch hier Bürger auf Transparenten und Aufschriften an öffentlichen Gebäuden ihre Loyalität gegenüber Dubček. Sie übermalten Ortsschilder und forderten mit Parolen in tschechischer, russischer und polnischer Sprache die Invasoren zur Rückkehr auf. Nach der Besetzung des Landes hingen an vielen Stellen der Stadt demonstrativ tschechoslowakische Staatsfahnen mit Trauerflor. An einen hölzernen Bauzaun in der Nähe der Bartholomäuskirche nagelten sogar zahlreiche bisherige Mitglieder der Kommunistischen Partei ihre Legitimationskarten an, um so gegen den Übergriff zu protestieren.

In den Jahren 1952–1961 wurde in Lochotín, in Nachbarschaft zum Zoo und zum botanischen Garten, eine Freilichtbühne für etwa 7000 Zuschauer errichtet. Die Tribüne war mit einem roten Stern und der Propagandaaufschrift »Se sovětským svazem za věčné časy« (»Mit der Sowjetunion für ewige Zeiten«) versehen. Im so genannten Amfiteatr fand unter anderem 1981–1991 und 1995–2002 das Folk-, Country- und Trampfestival »Porta« statt.

Bei der Koordinierung der Proteste spielte der Pilsner Rundfunk eine wichtige Rolle, ehe auch er unter die Kontrolle der Okkupanten geriet. Erneut begann eine Verfolgungswelle, zahlreiche Protagonisten der Demonstrationen emigrierten über die nicht weit entfernte Grenze in den Westen. Am 20. Januar 1969 verbrannte sich der erst 25 Jahre alte Brauereiarbeiter Josef Hlavatý aus Protest gegen die Besatzung durch die Warschauer-Pakt-Staaten auf dem Dukelské náměstí, dem Platz, auf dem bis 1953 das Masaryk-Denkmal gestanden hatte. Hlavatý folgte damit dem Beispiel des Prager Studierenden Jan Palach, der am Vortag infolge der bei seiner Selbstverbrennung auf dem Prager Wenzelsplatz erlittenen schwersten Verletzungen gestorben war. Der kommunistische Geheimdienst diffamierte Hlavatý, indem er ihn als alkoholkrank und verantwortungslos gegenüber seiner Familie darstellte.

Auch in der Phase der so genannten Normalisierung kam Pilsen nicht zur Ruhe: Studenten der Pädagogischen Hochschule streikten am 22. April 1969 und folgten damit dem Beispiel ihrer Prager Kommilitonen. Am 5. Mai 1969 wagten sich einige Hundert Pilsner auf die Straßen, um mit einer spontanen Kundgebung des 25. Jahrestages der Befreiung durch die US-Armee zu gedenken. Ein Arbeiter, der dabei eine große amerikanische Fahne entrollte, wurde von Sicherheitskräften verhaftet.

Das Regime reagierte auf derartige Herausforderungen mit Zuckerbrot und Peitsche: Es verstärkte seine propagandistischen Initiativen und ging zugleich mit Härte gegen Oppositionelle vor. Zum zweiten Jahrestag der Besetzung Pilsens durch Warschauer-Pakt-Truppen erhielten zwei sowjetische Generäle in einem feierlichen Akt die Pilsner Ehrenbürgerwürde verliehen. Dies war ein Affront gegen all jene, die den Einmarsch 1968 verurteilt hatten. Zu ihnen hatte etwa auch der Pilsner Dichter Josef Hrubý gezählt, der ab 1970 mit Publikationsverbot belegt wurde und seine Werke bis 1989 nur im Samizdat veröffentlichen konnte. Unmengen von Akten und geheim aufgenommene Fotos belegen zudem, mit welchem organisatorischen und personellen Aufwand der kommunistische Geheimdienst ihm verdächtig erscheinende Personen observieren ließ. Insbesondere ausländische Diplomaten, Journalisten und Geschäftsleute waren für ihn ein beliebtes Ziel solcher eingehender Beobachtungen.

Orte der ideologischen Propaganda waren etwa eine Gedenkstube für den von den deutschen NS-Besatzern 1943 ermordeten kommunistischen Publizisten Julius Fučík, der seine Jugendjahre in Pilsen verlebt hatte, oder das 1981 eingerichtete Museum der Revolutionären Arbeiterbewegung.

Das Gefängnis von Bory war während der kommunistischen Repressionen in der ČSSR eine der berüchtigtsten Vollzugsanstalten für politische Häftlinge. Sie wurden häufig in überfüllten, im Winter nur spärlich beheizten Zellen mit unzureichenden sanitären Verhältnissen untergebracht. Der Besitz von Radios oder Schreibgeräten war untersagt und der Kontakt mit Angehörigen stark eingeschränkt. Die Häftlinge sahen sich der Willkür des Wachpersonals ausgeliefert. Zu den bekanntesten politischen Gefangenen in Pilsen-Bory zählten der spätere Staatspräsident Václav Havel, inhaftiert von Juni 1981 bis Februar 1983, der spätere Außenminister Jiří Dienstbier, inhaftiert von Mai 1979 bis Februar 1983, und der heutige Prager Erzbischof Monsignore Dominík Duka, inhaftiert von Mai 1982 bis Februar 1983.

Von der Sanften Revolution zum demokratischen Staat

In den 1980er-Jahren ergriff die verbreitete gesellschaftliche Unzufriedenheit über die politischen und sozialen Verhältnisse in der ČSSR auch die tschechoslowakische Provinz. Mit einer Reihe populärer Maßnahmen versuchte das Regime, seine Position zu verbessern. Als die Prager Regierung etwa am 19. April 1989 beschloss, die Pilsner Innenstadt als städtische Denkmalschutzzone auszuweisen, war dies eine Rettung in letzter Minute: Kaum eine andere Großstadt im Lande wies ein so hohes Maß an baulichem Verfall auf wie gerade Pilsen. Mit diesem Beschluss wurden bereits vor der politischen Wende die Weichen für ein umfangreiches Stadtsanierungsprogramm gestellt.

Der politische Umbruch erfolgte vor Ort dann relativ spontan: Auf die große Prager Studentendemonstration vom 17. November reagierten am darauffolgenden Tag die Schauspieler des Pilsner Kammertheaters: Sie berichteten den Zuschauern von den Ereignissen in Prag und stimmten zum Abschluss der Aufführung die Nationalhymne an. Am 19. November schlossen sie sich dem Theaterstreik an. Ihnen folgten am 20. November die Studierenden der Medizinischen Fakultät. Auch in Pilsen bildete sich eine örtliche Gruppe des »Bürgerforums« (Občanské forum), die sich insbesondere um Kontakte zu den Škoda-Arbeitern bemühte. Von Tag zu Tag gewannen die Demonstrationen an Umfang, bis sich am 27. November 1989 an die 50 000 Menschen auf dem náměstí Republiky versammelten. Für jenen Tag war in der gesamten Tschechoslowakei ein Generalstreik ausgerufen worden. Die Beteiligung der Škoda-Arbeiter beraubte die Kommunistische Partei ihrer letzten Illusionen, sich noch auf die Arbeiterschaft stützen zu können. Am 29. November beschloss das Föderalparlament der ČSSR, auf die verfassungsmäßig festgelegte Führungsrolle der Kommunisten im Staate zu verzichten. Damit war der Weg hin zu einem demokratischen Neubeginn geebnet – auf staatlicher wie auf kommunaler Ebene.

Nach der politischen Wende von 1989 erfolgte in Pilsen eine Neubewertung der Stadtgeschichte. Als Gegenreaktion auf die kommunistische Propaganda finden seit Mai 1990 regelmäßig die »Freedom Days« bzw. das »Liberation Festival« statt, mit dem an die Befreiung der Stadt durch die US-Armee im Mai 1945 erinnert wird. Es verbindet Begegnungen von Zeitzeugen, darunter auch Veteranen aus den USA, mit dem Nachspielen von Einmarschszenen in historischen Kostümen und Fahrzeugen sowie einem großen Volksfest. Eine dauerhafte Verankerung im Stadtbild erhielt dieses geschichtspolitische Umdenken durch das am 6. Mai 1995 eingeweihte Denkmal »Díky Ameriko!« (Danke, Amerika!) und durch das am 5. Mai 2005 in einem Teilgebäude des einstigen Arbeiterheims Peklo eröffnete Patton Memorial Museum, das vor allem Exponate aus dem Privatbesitz ehemaliger US-Soldaten präsentiert.

Ein vornehmliches Anliegen des demokratischen Staates war die Privatisierung verstaatlichter Großbetriebe. Im Falle der Pilsner Brauerei passierte dies im Jahre 1992, zwei Jahre später folgte die Umwandlung in eine Aktiengesellschaft und schließlich 1999 die Übernahme durch die South African Breweries (SAB). Die Pilsner Škoda-Werke wurden 1993 zunächst in zwei selbstständige Gesellschaften aufgeteilt, die sich auf die Stahlverhüttung und die Stahlverarbeitung spezialisierten. Beide Firmen, die 2004 in das russische Konsortium OMZ (Objedinennye Mašinostroitelnye Zavody, deutsch: Vereinigte Maschinenbetriebe) eingegliedert wurden, fusionierten im Jahre 2007 zur neuen Firma »Pilsen Steel«.

Die Gründung der Westböhmischen Universität (Západočeská univerzita) als einer von mehreren neu errichteten Regionalhochschulen im Jahre 1991 erhöhte Pilsens Geltung auf dem Sektor von Forschung und Lehre. In der Westböhmischen Universität gingen auch die bisher eigenständige Pädagogische Hochschule und die Hochschule für Maschinenbau und Elektrotechnik auf, während die 1945 in Pilsen errichtete Medizinische Fakultät der Prager Karlsuniversität ihre Selbstständigkeit behielt. Das ihr angeschlossene Krankenhaus ist einer der größten in der Tschechischen Republik und heute zugleich der wichtigste Arbeitgeber in Pilsen. In der Nachbarschaft des Hochschulgeländes entstand im Industriegebiet Borská pole seit den 1990er-Jahren als innovatives Stadtentwicklungsprojekt ein Wissenschafts- und Technikpark (Vědeckotechnický park). Dort stehen für Firmen und wissenschaftliche Labors mehr als 10 000 Quadratmeter Fläche zur Verfügung.

Eine weitere Aufwertung der Stadt war die Gründung der katholischen Pilsner Diözese durch Papst Johannes Paul II. am 31. Mai 1993. Sie gehört zur tschechischen Kirchenprovinz, umfasst zehn Vikariate und 71 Pfarreien und wurde aus Teilen der Prager, Budweiser und Leitmeritzer Bistümer gebildet. Gründungsbischof ist seit 1993 Monsignore František Radkovský. In Pilsen bekennt sich heute etwa ein Viertel der Einwohner zum katholischen Glauben, während die Konfessionslosen mit über 55 Prozent die Mehrheit der Bevölkerung ausmachen. Kleinere christliche Konfessionen in der Stadt sind die Kirche der Böhmischen Brüder (1,8 Prozent), die Tschechoslowakische Hussitische Kirche (1,1 Prozent) sowie weitere christliche Gemeinschaften, die insgesamt etwa ein halbes Prozent der Stadtbevölkerung repräsentieren. Aufgrund der freiwilligen Auskunft zu den Glaubensverhältnissen sind diese Zahlen allerdings mit Vorbehalten zu betrachten.

Das katholische Bistum Pilsen ist seit 1995 auch Eigentümer eines besonderen Orts im Stadtteil Doudlevice, den der Katholik Luboš Hrušek auf seinem Grundstück geschaffen hat: Hrušek war in den Jahren 1949 bis 1960 aus politischen Gründen in diversen Gefängnissen eingesperrt. Unter Überwachung durch den kommunistischen Geheimdienst stellte er von 1987 bis 1989 zunächst einen von dem Bildhauer Roman Podrázský geschaffenen Kreuzweg auf, den er um einen Meditationsgarten und eine Kapelle des heiligen Maximilian Kolbe ergänzte. Das Ensemble trägt inoffiziell den Namen »Gedenkstätte für die Opfer alles Bösen« (Památník obětem zla) und ist den Verfolgten aller totalitären Regime gewidmet.

In Kooperation zwischen dem Bistum und dem Westböhmischen Museum wurde 1997 in den Räumlichkeiten des einstigen Franziskanerklosters das Museum für kirchliche Kunst eingerichtet. Im gotischen Kreuzgang, in der Barbarakapelle und in einigen benachbarten Räumlichkeiten fanden herausragende religiöse Kunstwerke vom Mittelalter bis zur Barockzeit aus dem westlichen Böhmen einen angemessenen Rahmen.

Auch die weltlichen Strukturen wurden nach der Gründung der Tschechischen Republik im Jahre 1993 neu gegliedert. Im Zuge einer großen Verwaltungsreform wurde als einer von 14 neu ausgewiesenen Bezirken der Bezirk Pilsen (Plzeňský kraj) mit einer Fläche von 7561 Quadratkilometern und knapp über eine halben Million Einwohnern geschaffen, dem sieben Landkreise zugeteilt wurden: Domažlice, Klatovy, Plzeň-jih (Pilsen-Süd), Plzeň-město (Pilsen-Stadt), Plzeň-sever (Pilsen-Nord), Rokycany und Tachov. Seit 2003 haben diese Landkreise allerdings nur noch eine minimale administrative Bedeutung. Das Gebiet der Stadt Pilsen, die im Jahre 1995 ihr 700-jähriges Bestehen feierte, besteht heute aus zehn Stadtbezirken mit 31 Ortsteilen.

Die neuen Verhältnisse ermöglichten es auch, den seit langer Zeit gehegten Wunsch nach einer Restaurierung der Großen Synagoge zu realisieren. Sie wurde in den Jahren 1994 bis 1998 durchgeführt. Am 11. Februar 1998 wurde der Bau, der sich nach wie vor im Besitz der Gemeinde befindet, neu eröffnet. Er ist heute auch für Besichtigungen zugänglich; außerdem finden dort regelmäßig Konzerte statt. Die Jüdische Gemeinde Pilsen zählt heute nur noch knapp über 100 Mitglieder – vor dem Zweiten Weltkrieg und dem Holocaust waren es noch über 3000 gewesen. Am 18. Juni 2014 wurde auch die Alte Synagoge in einem Hinterhof an den Smetanovo sady 5 nach mehrjähriger Wiederherstellung erneut geöffnet. Sie wird für kulturelle und gesellschaftliche Veranstaltungen genutzt und präsentiert außerdem eine Ausstellung zur Geschichte der Pilsner Juden.

Doch nicht nur das materielle Bauerbe der Geschichte erfuhr nach der politischen Wende eine neue Wertschätzung und Renovierung. Die starke industrielle Tätigkeit hatte auch die natürliche Umwelt stark belastet. Das Ausmaß der Luft-

Liebevoll renovierte Fassadendetails in Pilsen. – Aufnahmen 2014

und Wasserverschmutzung war extrem hoch gewesen, obwohl die Gesetze der ČSSR ihren Einwohnern sogar ein Recht auf eine saubere Umwelt garantierte. Ökologische Maßnahmen zum Wasser- und Naturschutz sowie zur Herabsetzung von Emissionen und die Ausweisung großer Grünflächen haben diesen Zustand in den letzten 25 Jahren deutlich verbessert.

1997 wurde Pilsen zusammen mit dem bayerischen Regensburg Sitz des Tandem-Koordinierungsbüros Deutsch-Tschechischer Jugendaustausch, das auf Initiative des tschechischen Ministeriums für Schulwesen, Jugend und Sport sowie des Bundesministeriums für Familie, Senioren, Frauen und Jugend geschaffen worden ist.

Der Stadtrat von Pilsen hat im Jahre 2003 einen neuen Stadtentwicklungsplan vorgelegt, der seither mehrfach aktualisiert und mit konkreten Zielvorgaben versehen wurde, zuletzt im Jahre 2013. Dieser Plan konzentriert sich auf die Stadtbewohner und ihren Lebensraum, auf die Entwicklung des Verkehrs und der technischen Infrastruktur, auf die wirtschaftliche Entwicklung der Stadt sowie auf das Stadtmarketing. Hinzu kam als wichtige sozialpolitische Maßnahme ein mittelfristiges Entwicklungskonzept für die sozialen Dienste in Pilsen für die Jahre 2008 bis 2015.

In den seit dem politischen Umbruch vergangenen zweieinhalb Jahrzehnten hat die westböhmische Metropole Pilsen eine rasante Entwicklung erlebt, die das Stadtbild und die Stadtstruktur dramatisch verändert hat. Es versteht sich von selbst, dass nicht alle Hoffnungen und Erwartungen, die viele Menschen im Herbst 1989 während der politischen Umbruchphase gehegt haben, erfüllt werden konnten. Dennoch hat sich die Wiederherstellung der Freiheit, die Verbesserung der Lebensqualität und die starke Entfaltung bisher unterdrückter Tätigkeitsfelder für die Mehrheit der Bevölkerung im Endergebnis positiv ausgewirkt.

Die 2006 durchgehend fertiggestellte Autobahnverbindung zwischen Prag und dem deutsch-tschechischen Grenzübergang Waidhaus/Rozvadov hat Pilsen noch besser als bisher an das internationale Fernstraßennetz angebunden. Immer mehr Reisenden wird allmählich bewusst, dass es sich lohnt, auf dieser Route die Autobahn zu verlassen und für Pilsen ausführlich Zeit einzuplanen. Die Europäische Kulturhauptstadt 2015 verdient es, im In- und Ausland noch bekannter zu werden als bisher.

Europäische Kulturhauptstadt 2015

Eine Initiative der Europäischen Union

Die Praxis, jährlich einer oder mehreren Städten in Europa den Titel »Kulturhauptstadt Europas« zu verleihen, geht auf eine Initiative der damaligen griechischen Kulturministerin Melina Mercouri und ihres französischen Ressortkollegen Jack Lang aus dem Jahre 1985 zurück. Ein entsprechender Vorschlag wurde noch im selben Jahr vom Europäischen Rat beschlossen. Die Auswahl trifft jedes Jahr eine siebenköpfige europäische Jury, von der zwei Mitglieder das Europäische Parlament, zwei der Europäische Rat, zwei die Europäische Kommission und eines der Ausschuss der Regionen benennen. Dem EU-Beitritt zahlreicher ostmittel- und südosteuropäischer Staaten in den Jahren 2004, 2007 und 2013 wird – nach dem erfolgreichen Experiment mit Luxemburg und Hermannstadt/Sibiu (Rumänien) im Jahre 2007 – seit 2009 dahingehend Rechnung getragen, dass in einem Jahr parallel eine Stadt aus den »alten« und eine aus den »neuen« EU-Mitgliedsstaaten den Titel trägt. Diese Paare waren 2009 Linz (Österreich) und Wilna/Vilnius (Litauen), 2010 Essen (Deutschland), Fünfkirchen/Pécs (Ungarn) und Istanbul (Türkei), 2011 Turku (Finnland) und Reval/Tallinn (Estland), 2012 Guimarães (Portugal) und Marburg an der Drau/Maribor (Slowenien), 2013 Marseille (Frankreich) und Kaschau/Košice (Slowakei) sowie 2014 Umeå (Schweden) und Riga/Rīga (Lettland). Im Jahre 2015 teilt sich Pilsen den Titel mit dem belgischen Mons/Bergen. 2016 werden San Sebastian (Spanien) und Breslau/Wrocław (Polen), 2017 Aarhus (Dänemark) und Paphos (Zypern), 2018 Leeuwarden (Niederlande) und Valletta (Malta), 2019 Matera (Italien) und Plovdiv (Bulgarien) auf dem Programm stehen.

Der Entscheidung liegt ein Kriterienkatalog zugrunde, der historische, vor allem aber aktuelle Fragen und die soziale

Funktion von Kultur innerhalb der jeweiligen Bewerbung berücksichtigt. Besonders wichtig ist die »europäische Dimension« von Kultur sowie die Einbeziehung des Umlandes und die Schaffung von Interesse im Ausland. Auch die Nachhaltigkeit des Kulturhauptstadt-Programms ist ein entscheidendes Auswahlkriterium.

Die Auswahl Pilsens

Seitdem bekannt gegeben worden war, dass 2015 unter anderem eine Stadt in der Tschechischen Republik den Kulturhauptstadt-Titel tragen würde, bemühten sich ab September 2008 drei tschechische Städte um die Ausrichtung: die nordostböhmische Stadt Königgrätz/Hradec Králové, Pilsen und die nordmährische Industriestadt Mährisch Ostrau/Ostrava. Am Ende blieben noch Pilsen und Mährisch Ostrau im Rennen. Die Auswahlkommission gab allerdings auf ihrer Sitzung in Prag am 8. September 2010 der Bewerbung Pilsens mit knapper Mehrheit den Vorzug. Mitglieder dieser Kommission waren
— für die Europäische Kommission: Sir Robert Scott (Großbritannien), einstiger Manager der Kulturhauptstadt Liverpool 2008, und sein österreichischer Kollege Manfred Gaulhofer, der 2003 geschäftsführender Direktor der Kulturhauptstadt Graz gewesen war,
— für den Europäischen Rat: Erna Hennicot-Schoepges (Luxemburg), ehemalige Abgeordnete des Europaparlaments, sowie Constantin Chiriac (Rumänien), einstiger Vizedirektor der Kulturhauptstadt Hermannstadt/Sibiu 2007,
— für das Europäische Parlament: Andreas Wiesand (Deutschland), Politikberater, und Danuta Glondys (Polen), Direktorin des Verbandes »Villa Decius«,
— für den Ausschuss der Regionen: Elisabeth Vitouch (Österreich), Mitglied des Gemeinderats der Stadt Wien.
Seine erfolgreiche Bewerbung hatte Pilsen unter vier Oberthemen gestellt: Das erste Thema – »Kunst und Technologie« – betrifft die kreative Aneignung von Orten der industriellen Vergangenheit der Stadt in europäischen Zusammenhängen.

Der zweite Komplex – »Beziehungen und Gefühle« – geht von der Einbindung einer möglichst breiten Öffentlichkeit und damit von der Identifikation der Bürger mit der eigenen Stadt aus. Das dritte Thema – »Transit und Minderheiten« – umfasst Projekte, in denen die Interkulturalität im Mittelpunkt steht. Unter dem vierten Mantelthema – »Geschichten und Quellen« – finden sich Vorhaben zur Förderung des Fremdenverkehrs und der regionalen Identität anhand kultureller Traditionen.

Mit der Programmrealisierung wurde die am 16. September 2010 gegründete Kulturhauptstadtgesellschaft (Plzeň 2015 o. p. s.) beauftragt. Ihr steht ein aus sechs Personen bestehender Verwaltungsrat und ein ebenso großer Aufsichtsrat vor. Die inhaltliche Arbeit steht in der Verantwortung des Projektteams. Zum künstlerischen Leiter wurde der Prager Schauspieler und Puppenspieler Petr Forman berufen, ein Sohn des Regisseurs und Oscar-Preisträgers Miloš Forman. Nach den Worten von Petr Forman soll das Pilsner Programm »nicht elitär, aber dennoch qualitativ hochwertig« sein und breite Schichten der Bevölkerung ansprechen.

Akzente des Kulturprogramms

Die Kulturhauptstadtgesellschaft hat gemeinsam mit zahlreichen in- und ausländischen Kooperationspartnern für 2015 ein ehrgeiziges Jahresprogramm auf die Beine gestellt. Es sieht insgesamt mehr als 600 Einzelaktivitäten vor, die im Rahmen der vorliegenden Publikation unmöglich alle vorgestellt werden können. Die hier ausgewählten Projekte bilden daher lediglich einen Teil des Gesamtangebots ab.

Zwischen September und November 2014 wird die Kulturhauptstadt 2015 durch die auf dem Hauptplatz aufgebaute »Manège Carré Senart« unter der Leitung von François Delarozière vorbereitet. Im Rahmen der »Saison des Neuen Zirkus« kommen aktuelle Avantgardezirkusensembles aus ganz Europa sowie aus Kanada nach Pilsen, um dort während des gesamten Jahres an unterschiedlichen Orten der Stadt ihr Können zu demonstrieren.

Zwei große Ausstellungen werden in Zusammenarbeit mit der Westböhmischen Galerie organisiert. In der ersten präsentiert sich »München – die strahlende Kunstmetropole« mit herausragenden Werken des künstlerischen Schaffens um 1900. Die zweite Ausstellung hat insofern einen Bezug zu Pilsen, als der darin im Mittelpunkt stehende Künstler Bohumír Lindauer im Jahre 1839 dort geboren wurde. Lindauer wanderte 1876 nach Neuseeland aus und porträtierte dort Häuptlinge und Schamanen der einheimischen Maori in der Tradition europäischer bürgerlicher Bildnisse. Für die Maori haben diese Gemälde, die heute in Auckland ausgestellt werden, eine quasireligiöse Bedeutung, da sich nach ihrer Vorstellung darin der Geist der Verstorbenen materialisiert hat. Die Bilder sind aber auch ein aufschlussreiches Beispiel für einen europäisch-neuseeländischen Kulturtransfer. Zwei weitere Ausstellungen präsentieren Leben und Werk des vielseitigen Künstlers Jiří Trnka, darunter eine Retrospektive und eine für junge Besucher konzipierte Schau. Letztere soll vor allem durch Trnkas Buch *Zahrada* (Der Garten) inspiriert sein.

In Kooperation mit der Fakultät für Kunst und Design entsteht auf dem Gelände der einstigen Brauerei Světovar ein Zentrum für kreative Projekte, das die Nachhaltigkeit der Kulturhauptstadt 2015 sichern soll. So wird ein architektonisch wertvolles und für die Geschichte Pilsens bedeutsames, aber seit Jahren nicht mehr genutztes Industriedenkmal in eine »Kulturfabrik« umgewandelt, einen Ort geistiger Produktion.

Die neuen Medien finden im Projektensemble »Everfund und neue Technologien« Anwendung. Dabei soll zum einen eine Internetplattform zur Einwerbung von Fördermitteln für kulturelle Talente in der Region Pilsen geschaffen werden. Zum anderen bietet das Online-Angebot »Skrytá mapa Plzně« (Pilsens verborgener Stadtplan) Gelegenheit, mit einer eigens entwickelten App zu bestimmten Orten historisch-kulturelle Informationen und Zeitzeugenaussagen abzurufen. Auf diese Weise soll ein neues Verständnis für die Geschichte der Stadt geschaffen werden.

Im Sommer 2015 laden »Neun Wochen Barock und Programm in der Region« zur Erkundung von neun herausragenden Orten barocker Kunst und Kultur in der Region Pilsen ein. Diese Orte, darunter auch Schöpfungen so bekannter Künstler wie Johann Blasius Santini-Aichl oder der Dientzenhofer, werden zugänglich gemacht und durch ein vielfältiges Veranstaltungsangebot mit Musik, Tanz und Theater auf besondere Weise belebt.

„Wir sind europäische Kulturhauptstadt 2015!"

Ein Kunstwerk in der Region Pilsen hat bereits im Vorfeld des Kulturhauptstadtjahres für einiges Aufsehen gesorgt: Es handelt sich um die Installation *Má mysl* (Mein Geist) in der verfallenen Dorfkirche St. Georg in Luková bei Manětín. Der Nachwuchskünstler Jakub Hadrava hat dort aus Draht, Gips und Stoff 33 »Geisterskulpturen« früherer Gläubiger in unterschiedlichen Positionen dargestellt, die an das einst lebendige Glaubensleben in jener Region erinnern und zur Renovierung der Kirche anspornen sollen.

Unter dem Motto »Regio 2015« werden besonders Besucher aus dem nahen deutschsprachigen Ausland angesprochen, indem eine Vielzahl der Veranstaltungen ohne tschechische Sprachkenntnisse rezipiert werden kann. Ein regelmäßig zwischen München und Prag verkehrender Zug, der über Regensburg und Pilsen fährt, ist mit einer Bühne ausgestattet, um auch Reisenden eine Art Schaufenster der Kulturhauptstadt zu bieten. Daneben finden aber auch gemeinsame Literatur-, Theater- und Kunstveranstaltungen statt, die Pilsen weit über den engeren regionalen Kontext hinaus popularisieren sollen.

In Pilsen setzen neben der bereits erwähnten »Kultur-brauerei Světovar« die Neubauten des Neuen Theaters (Nové divadlo) und der Ladislav-Sutnar-Fakultät für Design und Kunst an der Westböhmischen Universität markante städtebauliche Zeichen des Kulturhauptstadtjahres 2015. Das vom Projektbüro Helika konzipierte und in den Jahren 2012 bis 2014 errichtete Neue Theater umfasst einen Hauptraum sowie eine kleinere Studiobühne. Markant ist die zur Straße hin geneigte Fassade aus Sichtbeton, die von elliptischen Öffnungen durchbrochen wird und damit zu allen Tages- und Nachtzeiten wechselnde Lichteffekte ermöglicht. Das Neue Theater, das mit modernster Bühnentechnik versehen ist, ersetzt die bisherige Kammerbüh-ne. Der 2012/2013 entstandene Bau der Kunstfakultät, die mit ihrem Namen an den in Pilsen geborenen tschechisch-ameri-kanischen Designkünstler Ladislav Sutnar erinnert, wurde ar-chitektonisch bewusst dem Aussehen moderner Industriebau-ten angepasst, in den zahlreiche Hörsäle, Werkstätten, Labors und Studios integriert wurden.

Die Stadt Pilsen ist mit einem hohen, aber nicht unrealisti-schen Ziel für das Jahr 2015 angetreten. Nach den Worten Jiří Sulženkos, des Direktors der Kulturhauptstadtgesellschaft, sol-len von Pilsen aus Impulse in die gesamte Tschechische Repu-blik getragen werden. Inwieweit dieser Anspruch und auch das Gebot der Nachhaltigkeit realisiert werden können, wird sich im Jahre 2015 und in den Folgejahren erweisen.

Zeittafel

Vorzeit	Archäologische Siedlungsspuren im Raum Pilsen seit dem Paläolithikum
10. Jh.	Burg und Siedlung Alt-Pilsen/Starý Plzenec
1295	Translozierung und Gründung der neuen Stadt Neu-Pilsen auf Anordnung von König Václav II. als königliche Stadt
1307	Erster Beleg für ein Brauhaus, ältestes Stadtsiegel
14. Jh.	Gründung eines Franziskanerklosters (Minoriten) und eines Dominikanerklosters
1328	Städtische Lateinschule
1414–1434	Hussitenkriege, mehrfache Belagerungen durch Jan Žižka z Trocnova
1434	Goldene Bulle Kaiser Sigismunds
1449	Mitglied der Union von Strakonitz
1468ff.	Erster tschechischer Buchdruck (Kronika trojanská)
1507	Verheerender Stadtbrand
1526–1918	Pilsen Teil der Habsburger Monarchie
1546	Patronatsrecht über die Bartholomäuskirche fällt an die Stadt
1554–1558	Bau des Rathauses
1578ff.	Stadtrecht ausschließlich für Katholiken
1599–1600	Aufenthalt Kaiser Rudolfs II.
1618	Eroberung durch Ernst von Mansfeld
1633–1634	Aufenthalt Albrecht von Wallensteins
1634	Pestepidemie
1681	Pestsäule
1695	Hinrichtung Jan Sladký Kozinas
1714	Gründung des Dominikanerinnenklosters
1776	Gründung des Gymnasiums, eines wichtigen Zentrums der tschechischen nationalen Wiedergeburt
1788	Magistratsordnung
1799	Aufenthalt von General Suvorov
1804	Gründung der Philosophischen Anstalt
1818	Erste tschechischsprachige Theateraufführung in Pilsen
1832	Bau des ersten Theaters
1835	Brand des Kirchturms der Bartholomäuskirche
1842	Bürgerliches Brauhaus Pilsen
1848	Bürgerliche Revolution
1861	Beginn des Eisenbahnanschlusses
1866	Preußische Besetzung im Preußisch-Österreichischen Krieg
1869	Kauf der bisherigen Waldsteinschen Maschinenfabrik durch Emil Škoda, Beginn der Geschichte eines der größten Wirtschaftsbetriebe Mitteleuropas

1888–1893	Bau der Großen Synagoge
1899–1902	Bau des Theaters
1908	Bau des Hauptbahnhofs
1917	Explosionskatastrophe in Pilsner Munitionsfabrik
1918	Erschießung von Kindern bei einer Hungerdemonstration
1918–1939	Pilsen Teil der Tschechoslowakischen Republik
1924	Eingemeindungen und Gründung von Groß-Pilsen/Velká Plzeň
1939–1945	Pilsen Teil des von Deutschland okkupierten Protektorats Böhmen und Mähren, Terrorherrschaft
1942–1945	Mehrere schwere Bombenangriffe
1945	Befreiung der Stadt durch Einheiten der US Army, Gründung der Medizinischen Fakultät
1948	Gründung der Pädagogischen Fakultät
1948–1989	Pilsen Teil der kommunistischen Tschechoslowakei
1949	Hochschule für Maschinenbau und Elektrotechnik
1953	Demonstrationen gegen Währungsreform nehmen Ausmaße einer versuchten antikommunistischen Erhebung an
1957ff.	Bau großer Plattenbausiedlungen an den Rändern der Stadt
1968	Einmarsch von Warschauer-Pakt-Staaten zur Niederschlagung des „Prager Frühlings"
1989	Politische Wende
1991	Gründung der Westböhmischen Universität
Seit 1993	Pilsen Teil der Tschechischen Republik
1993	Gründung des röm.-kath. Bistums Pilsen
2015	Europäische Kulturhauptstadt

Literatur (Auswahl)

Alte Chronik von Pilsen. Aus einer lateinischen Handschrift des gelehrten Johann Tanner im Auszuge übersetzt vom Pilsner k. k. Gymnasial-Präfekten J[osef] St[anislaus] Zauper, Pilsen 1835.

Herzig, Anton (Bearb.): Pilsen. Heimatstadt seiner deutschen Bewohner und Metropole an der Sprachgrenze. Ein Lesebuch. Hg. vom Heimatkreis Mies–Pilsen e. V., Dinkelsbühl 1978.

Gloser, Hynek / Čapka, Bohuslav / Čihák, Josef: Plzeň. Orientační průvodce městem, Plzeň 1985.

Gloser, Hynek / Čapka, Bohuslav / Čihák, Josef / Hegner, Jiří / Chochole, Emil / Šesták, Jaromír: Města ČSSR: Plzeň, Praha 1986.

Hrušek, Martin: Kniha pamětní král. krajského města Plzně od roku 775 až 1870, Plzeň 1883.

Krieger, Miroslav: Plzeňský poutník aneb Plzeň ze všech stran. Druhé, revidované a doplněné vydání, Praha 2008.

Lázňovský, Bohuslav (Hg.): Průvodce po Československé republice. I. Část: Země Česká, II. svazek: Západní a jihozápadní Čechy. III., zcelá přepracované vydání, Praha 1936.

Malivánková Wasková, Marie / Douša, Jaroslav (Hg.): Dějiny města Plzně 1: Do roku 1788, Plzeň 2014.

M. Šimona Plachého z Třebnice paměti plzeňské. Hg. v. Josef Strnad, Plzeň 1883 (Publikací spolku přátel vědy a literatury České v Plzni Číslo IV).

Die österreichisch-ungarische Monarchie in Wort und Bild. Auf Anregung und unter Mitwirkung weiland Seiner kaiserl. und königl. Hoheit des durchlauchtigsten Kronprinzen Erzherzog Rudolf begonnen, fortgesetzt unter dem Protectorate Ihrer kaiserl. und königl. Hoheit der durchlauchtigsten Frau Kronprinzessin-Witwe Erzherzogin Stephanie. Böhmen (1. Abteilung), Wien 1894; Böhmen (2. Abteilung), Wien 1896.

Sommer, Johann Gottfried: Das Königreich Böhmen statistisch-topographisch dargestellt. Sechster Band: Pilsner Kreis, Prag 1838.

Register

Ortsregister (Pilsen)

Ortsregister (allgemein)

Personenregister

123

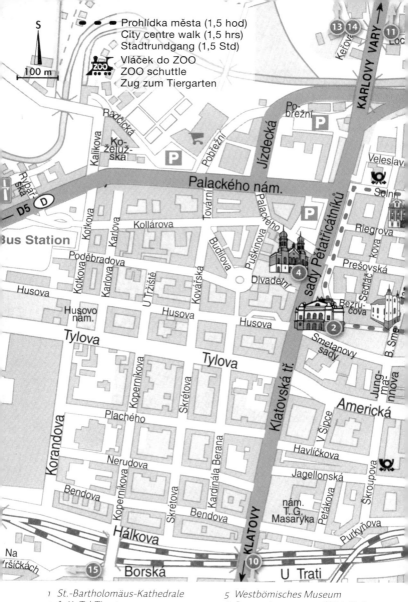

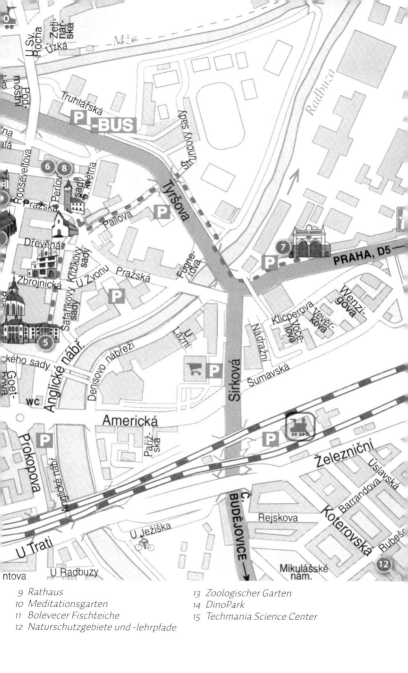

Bildnachweis

Česká tisková kancelář (ČTK): 85, 93, 98
Digitální knihovna Kramérius/Národní knihovna v Praze: 67 (3)
http://commons.wikimedia.org: 11 (Josef Špiller), 46 (Andreas Groll), 112 (Aisano)
Nach: Die Österreichische Monarchie in Wort und Bild. Böhmen (1. Abteilung),
    Wien 1894, (2. Abteilung), Wien 1896: 34, 57
Sammlung Tobias Weger, Oldenburg: 17, 48, 61, 64, 74, 77, 78, 100
Tobias Weger, Oldenburg: 14, 18, 19, 29, 36, 70, 72, 106, Umschlagrückseite

Stadtplan: Euroverlag